Zehn Zukunftsweisheiten

für den Umgang mit dem Morgen

Julian Horx, Matthias Horx

THE FUTURE: PROJECT

IMPRESSUM

Herausgeber
The Future:Project AG
Niddastraße 76
60329 Frankfurt

Vertretungsberechtigter Vorstand
Olaf Schönberger

Text
Matthias Horx

Illustration
Julian Horx

Redaktion
Lena Papasabbas, Christian Schuldt

Lektorat
Melanie Schlachter-Peschke

Gestaltung
Benedikt Eisenhardt

Druck
Graspo Cz, a.s.
Pod Šternberkem 324
763 02 Zlín

ISBN 978-3-910992-00-9

Vorwort

Zukunft?

Was für ein seltsames Wort: *Zukunft*. Es hat etwas Schlangenhaftes. Es klingt wie ein Zischlaut. Es schlängelt sich immer wieder hinein in unsere Gedanken, unsere Gefühle. Dort schleicht es herum und tut – ja, was denn eigentlich? Weist es uns den Weg?

Es droht, aber es lockt auch.

Die Zukunft! Das ist eine Verheißung. In den alten Barock-Altären war die Zukunft das Himmelreich, in dem die Engel singen. Alles ist dort gut, erhaben, neu. Heute heißt das Metaverse. Es ist die Technologie, die uns *in Zukunft* die Erlösung von den irdischen Begrenzungen bringen soll. Kein Leiden mehr. Alles komfortabel. Ohne Beschränkungen für Körper und Seele. Jeden Tag Spaß, ohne Ende.

Die Zukunft! Das ist aber auch eine Bedrohung. Die Zukunft hat kalte Finger, und sie fasst uns an. Wir leben in einer Zeit, in der alles nur schlechter zu werden scheint. Viele Technologieträume enthüllen ihre Schattenseiten: Allen Dating-Apps zum Trotz grassiert die Einsamkeit, Künstliche Intelligenz hält keine Waldbrände auf, und die unaufhaltsame Hypervernetzung macht uns kirre. Alte Schrecken – Pandemien, Inflation, Krieg – kehren zurück. Die Zukunft sah früher schon mal besser aus. Ihr Image ist beschädigt. Viele glauben nicht mehr, dass es überhaupt eine Zukunft gibt.

Aber was *ist* überhaupt „Zukunft"? Das ist und bleibt ein Rätsel. Ist die Zukunft ein fixierter Raum, in den wir „eintreten" werden? Ist sie ein Schicksal, das uns Prophet:innen – vielleicht demnächst aus Silikon und Mikrochips – *voraussagen* können? Ist Zukunft eine reine Fiktion? Ein Hirngespinst? Eine Illusion, mit der man Menschen manipulieren kann?

Rast die Zukunft wie eine wild gewordene Lokomotive aus einem Tunnel auf uns zu?

Kommt sie „über uns"?

Dieses Buch handelt von unserer *Beziehung* zur Zukunft. Zur (über)zeitlichen Dimension unseres Lebens, unserer Welt. Denn die Zukunft lebt in uns – oder gar nicht. Sie lebt in allen *Human Beings*. Die *Beings* – das sind jene Wesen, die Julian Horx als multimorphe Figuren entwickelt hat und die Sie durch dieses Buch begleiten. Sie können ihre Form wechseln, ihr Inneres im Äußeren zeigen. Sie können leiden, denken, lachen und vielerlei Verbindungen herstellen. Sie sind reale und spirituelle Wesen. Sie sind eben wie wir. Sie zeigen uns, wie das geht – mit der Zukunft.

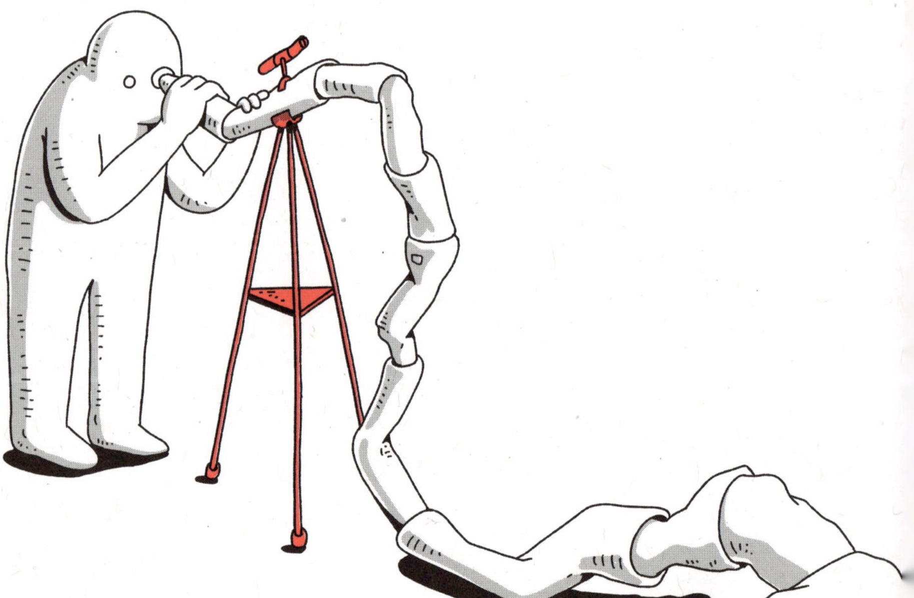

1

Die drei Zukunftsperspektiven

Erkennen Sie Ihr „inneres Fernrohr"

Zukunft ist zuallererst eine Frage der Perspektive. Der Art und Weise, wie wir auf die Welt schauen.

Jeder und jede hat einen anderen Zukunftsstil.

Aber oft wissen wir nicht so genau, was wir mit der Zukunft anfangen sollen.

Unser Zukunftsfernrohr ist kaputt.

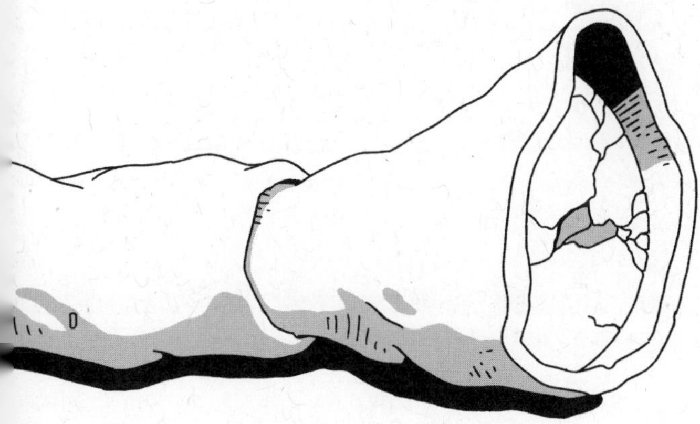

Perspektive des Übergangs

Wir stellen uns dem Wandel
mit Elementen der Innovation.

Perspektive des inneren Niedergangs

Wir machen alles so weiter
wie bisher ...

Perspektive der Vision

Wir erfinden die Welt neu und richten unsere Handlung an der Zukunft aus.

Es gibt im Wesentlichen *drei* Perspektiven, mit denen wir die Zukunft wahrnehmen beziehungsweise innerlich konfigurieren:

Die Perspektive des inneren Niedergangs

In dieser Haltung gehen wir vom Status quo aus. Oder von einer Vergangenheit, in der wir alles komfortabel erlebt haben. Die wir gewohnt waren. Das *alte Normal,* da war noch alles in Ordnung. Aus dieser Perspektive erleben wir den Wandel, in dem wir ja immer schon drinstecken, als Verlust. Als ein *Weniger* dessen, was wir kannten. Wir befinden uns sozusagen auf der schiefen Bahn unserer Wünsche. Unser Fernrohr ist geknickt, weil wir es als Hebel gegen den Wandel einsetzen wollen. Nehmen wir das Kommende aber als generellen Verlust wahr, wird die Perspektive negativ. Unsere Prognose ist rein pessimistisch. Wir klammern uns am Gewohnten fest, das wir mit allen Mitteln erhalten wollen.

Unsere Zukunftshaltung ist die von *Verwaltenden.*

Die Perspektive des Übergangs

Wir haben verstanden, dass sich etwas ändern muss (und kann), damit es weitergeht. Aber wir wissen noch nicht genau, wo es hingeht. Und wie das gehen soll. Statt zu erstarren, experimentieren wir mit vielen kleinen Schritten des Wandels, probieren Innovationen im Trial-and-Error-Verfahren. Wir versuchen, aktiv zu reagieren. Wir planen, aber wir reparieren auch. Wir wissen noch nicht genau, wohin die Reise geht, sind aber bereit, uns in Unsicherheiten zu bewegen.

Unsere Zukunftshaltung ist die von *Entrepreneur:innen*.

Die Perspektive der Vision

In der Vision machen wir einen weiten Sprung in die Zukunft – und betrachten von dort aus die Gegenwart. Wir stellen uns vor, wie es anders sein *könnte*. Wir setzen die Welt im Geist neu zusammen. Sehen uns als Botschafter:innen einer möglichen Zukunft, die sich deutlich vom Gewohnten unterscheiden wird.

Unsere Zukunftshaltung ist die von *Agent:innen*.

VORSICHT VOR VISIONEN!

Der ehemalige deutsche Bundeskanzler Helmut Schmidt soll gesagt haben: „Wer eine Vision hat, sollte zum Arzt gehen." Das ist nicht ganz falsch. Visionen können fatale Auswirkungen haben, wenn daraus dogmatische Ideen werden – Ideologien, an denen man unlebendig festklammert. *Gute* Visionen sind Orientierungen, mit denen man spielerisch und konstruktiv umgeht, in einem ständigen Überprüfungs- und Korrekturprozess. Gute Visionen sind *realistisch*, weil wir im *Gespräch* mit ihnen Wirklichkeit produzieren.

Keine der drei Perspektiven ist „falsch", auch die Sicht auf mögliche kommende Verluste ist notwendig. Alle drei Haltungen sind notwendiger Teil unseres Future *Mindset*. Sie bilden eine fortlaufende Welle, einen Zyklus der Wirklichkeitswahrnehmung. Im Laufe unseres Lebens, oder auch im Laufe eines Tages, wechseln wir bisweilen zwischen den Perspektiven hin und her. Wer kennt das nicht? Morgens stehen wir visionär auf, mittags experimentieren wir, und beim Tee befällt uns manchmal das Gefühl des Niedergangs. Das ist normal, menschlich. *Future Fitness,* also Zukunftskompetenz, entsteht genau beim *Wandern* zwischen den Perspektiven, beim Abwägen und Unterscheiden. Wir nennen das auch die *Differenzierung der Zukunftssicht.*

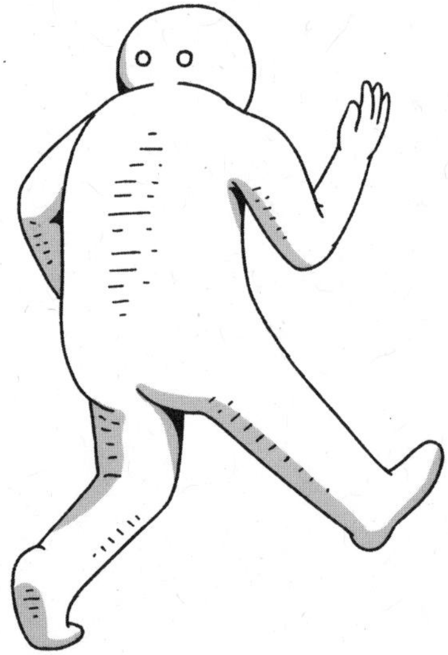

Marshall McLuhan, Medientheoretiker:

„Wenn wir mit dem Neuen konfrontiert sind, neigen wir dazu, uns an die Dinge und Gerüche der jüngsten Vergangenheit zu klammern. Wir schauen auf die Gegenwart durch einen Rückspiegel. Wir marschieren rückwärts in die Zukunft."

2

Verstehen Sie das paradoxe Wesen der Trends!

Als Zukunftsforschende werden wir oft gefragt, was die „Trends der Zukunft“ sind. Das ist eine verknotete Frage. Denn Trends sind Phänomene in der Gegenwart, die man *beobachten* kann. Wie weit sie in die Zukunft reichen, ist manchmal schwer zu sagen. Es hängt von den Kontexten ab. In der Zukunft wird es aber eher *andere* Trends geben als heute.

Eine Ausnahme sind die *Mega*trends. Die langfristigen Großtrends, die weitaus tiefer reichen. Aber auch Megatrends sind keine ewigen Prozesse. Sie verändern über die Zeit ihre Richtung. Mehr denn je werden sie heute von transformativen Kräften beeinflusst und verändert.

Trends sind Smalltalk auf Partys. Frauenzeitschriften und Modemessen lieben sie, und natürlich das Marketing, das sie gern als Verkaufsargumente nutzt. Der Begriff „Megatrend" dominiert hingegen bei Gesprächen auf Investorenkonferenzen. Auch in Geschäftsberichten ist immer wieder die Rede von Trends. Sie sind immer dabei, wenn es darum geht, etwas zu verkaufen. Und sei es nur eine bestimmte Idee, eine *Konstruktion* der Welt.

Klar, wir wollen dabei sein, wenn etwas Neues entsteht.

Und deshalb sind Trends ungeheurer wichtig.

Regelrecht verführerisch.

Man glaubt nur allzu gern an sie.

Sobald ein leicht auszusprechender Name existiert – sei es Cocooning, Clanning, Wellness oder Künstliche Intelligenz –, scheint der Trend real zu *existieren*. Er setzt sich in unserem phonetischen Gedächtnis fest wie ein Parasit, der sich von Kopf zu Kopf verbreitet. Trends sind Ausdruck der „konversationellen Natur der Realität", so der Poet David Whyte. Die Realität entsteht, während wir uns über sie unterhalten. Sie entsteht durch Worte. In Worten strukturiert sich unser Verstand, unser Geist. Unser *Mind* konstruiert eine Wirklichkeit, in der wir *wirken* können, indem wir schöne Worte nutzen.

Können Sie sich noch an den Wellness-Trend erinnern? Eine Zeit lang gab es Wellness-Briketts, Wellness-Hundefutter, Wellness-Salami. Davon hat man lange nichts mehr gehört.

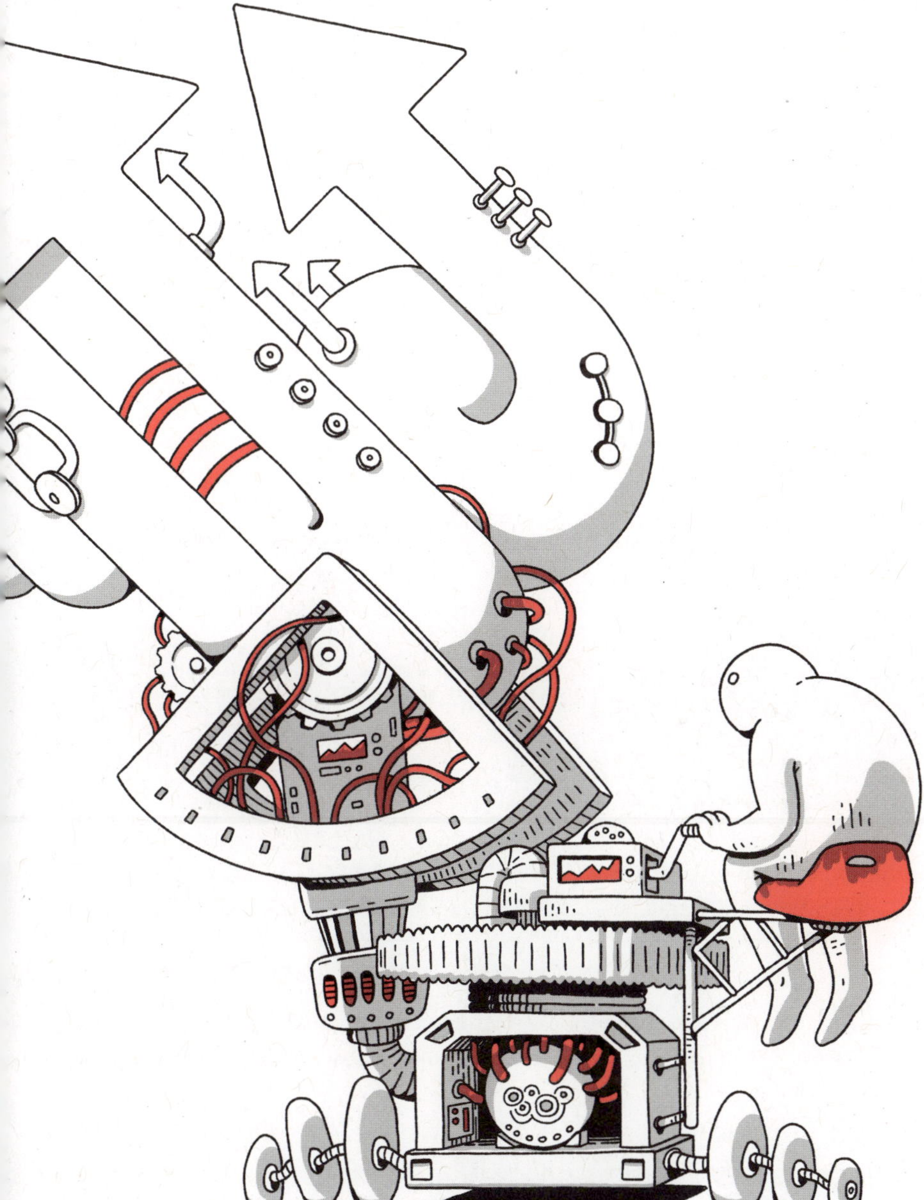

Verstehen Sie das paradoxe Wesen der Trends!

Trends sind poetische *Memes,* die sich die Gesellschaft selbst über ihren Wandel erzählt. Sie regen unsere Fantasie an und trainieren unsere Sprachsensoren. Das ist gut. Aber sie können auch zu Halluzinationen führen, bei denen wir immer nur das sehen, was wir wollen. Weil wir es irgendwie *geil* finden. Weil es unser neu*gieriges* Hirn reizt.

WENN TRENDS ZU FAKTOIDEN WERDEN

Der Ausdruck „Faktoid" wurde 1973 von dem Schriftsteller Norman Mailer geprägt. Er bezeichnet eine Information, die nur aufgrund häufiger Behauptungen als Tatsache akzeptiert wird, obwohl sie nicht wahr ist. Die Historikerin Dion Smythe definierte Faktoide als Tatsachenbehauptungen aufgrund von Primärquellen, die kontextlos bleiben, aber mit Bedeutung aufgefüllt werden. Der Wahrheitsgehalt von Faktoiden entsteht also nicht aus der Wirklichkeit, sondern aus *Aussagen* über die Wirklichkeit.

Solche „Trend-Trends" erkennt man daran, dass sie sich aus sich selbst beweisen. Das nennt sich *Selbstreferenzialität.* Der Trend ist ein Trend, weil alle über ihn reden. Weil er überall auftaucht. Und weil das Marketing ihn als „großes Ding" bezeichnet.

Verwandt damit ist heute auch die Kategorie „Fake News". Fake News sind konstruierte Gedanken, mit denen man versucht, bewährte Sinnzusammenhänge zu zerstören, indem man Verwirrung stiftet und Zweifel streut. Es sind aggressive Memes, die wie Waffen funktionieren.

Jeder Trend hat einen Tipping Point

Wenn wir Trends als Prozesse definieren, die in gesellschaftlichen, sozialen und mentalen Systemen Veränderungen hervorbringen, dann folgen sie physikalischen Gesetzen.

Trends unterliegen Sättigungsphänomenen. So wie irgendwann die Lösung einer Flüssigkeit „gesättigt" ist, geht dann nichts mehr in das aufnehmende System hinein. In diesem Moment entsteht ein Tipping Point. Der Trend erreicht sein Maximum.

Ist ein Trend erst einmal gekippt, wird es immer schwieriger, dieser Tendenz entgegenzuwirken. Wie beim Aufstieg des Trends handelt es sich um einen selbstorganisierenden Prozess. Der Aufwand wird immer größer – und die Lage immer aussichtsloser. Das gilt für viele Prozesse im wahren Leben: Man muss wissen, wann man den Aufwand, das Alte aufrechtzuerhalten, reduziert. Und den Dingen ihren Lauf lässt.

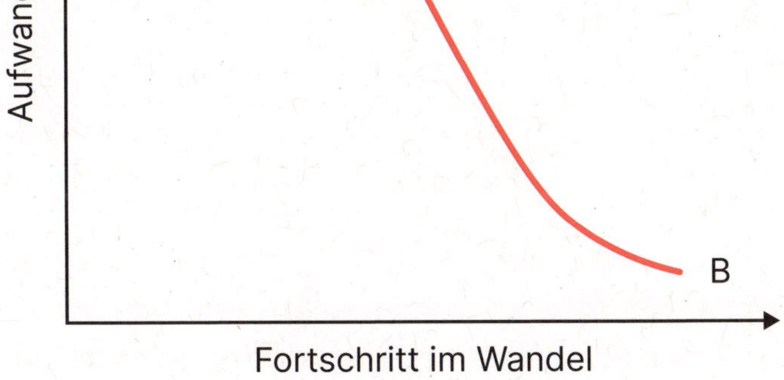

Jeder Trend erzeugt einen Gegentrend!

Jeder Trend produziert, wenn er wächst und sich verstärkt, einen Gegenimpuls. Einen Widerstand, der zu einem mächtigen Gegentrend werden kann – und womöglich sogar irgendwann den Haupttrend ablöst.

Ein drastisches Beispiel ist die Globalisierung. In den vergangenen 30 Jahren wuchs die Welt rasend schnell zusammen. Alles wurde immer globaler: Warenströme, Arbeitsteilungen, sogar Denk- und Sprachweisen. Gleichzeitig entstand aber ein starker Gegenimpuls. Eine neue Sehnsucht nach Lokalität, Identität, Verwurzelung und Heimat. Und parallel dazu ein militanter Nationalismus.

Heißt das, dass Globalisierung endet? Wohl kaum. Denn sie hat viele Dimensionen: ökonomische, kulturelle, politische. Sie formt sich um. Aber: Sie geht nicht in ihrer alten Logik weiter!

Typische Trend-Gegentrend-Paare:

Globalisierung – neuer Nationalismus
Individualisierung – Gemeinschaftssehnsucht
Digitalisierung – analoges Retro
Mobilität – Cocooning
Urbanisierung – Verländlichung

Alle Trendentwicklungen formen einen Peak

In den 1950er- und 1960er-Jahren rauchten in Deutschland gefühlt *alle*. Alte, Junge und zunehmend auch Frauen. Aber der Trend brach schon in den 1990er-Jahren, seitdem geht die Zahl der Rauchenden zurück. Der Höhepunkt der Morde in Deutschland war 1993 erreicht. Autounfälle „peakten“ schon in den 1960er-Jahren. Autofahrten in den USA erreichten 1970 die höchste Gesamtstrecke. Die Tech-Aktien des Silicon Valley erzielten ihren höchsten Stand 2018. Öl hat seinen Förder-Peak bereits hinter sich. Ebenso der Fleischkonsum in den USA und in Teilen Europas.

Wann wird der CO_2-Ausstoß der menschlichen Zivilisation seinen Höhepunkt erreichen? Wahrscheinlich in diesem Jahrzehnt, den 2020er-Jahren. Die Weltpopulation wird zwischen 2060 und 2080 am Wendepunkt stehen, bei rund 10 Milliarden Menschen. Von da an werden wir *Beings* wieder seltener.

Zukunft entsteht aus Rekursionen und Rekombinationen

Wenn Trend und Gegentrend sich gegenseitig blockieren, entsteht zunächst eine Krise. Wie aber könnte sich ein solches Trend-Gegentrend-*Paradox* auflösen? Laut Paul Watzlawick und Albert Einstein (und noch ein paar anderen klugen Menschen) lässt sich ein Problem nie auf derselben Ebene lösen, auf der es entstanden ist. Es lässt sich nur *auf einer höheren Ebene auflösen.*

Georg Wilhelm Friedrich Hegel, der Philosoph der Dialektik, spricht in seinem Werk von der Aufhebung. So nennt er den Vorgang der Überwindung eines Widerspruchs, wobei die positiven, wertvollen Elemente erhalten und fortgeführt werden und die negativen entfallen. Diese Dynamik prägt auch die sechs großen Transformationen unserer Zeit (siehe Kasten auf Seite 24).

Egal, wie steil die Trendkurve ist: Alle Veränderungsdynamiken haben einen Höhepunkt, an dem sie unumkehrbar zu kippen beginnen.

PEAK OIL
PEAK POPULATION
PEAK CARBON
PEAK COVID

DIE SECHS GROSSEN TRANSFORMATIONEN UNSERER ZEIT

Human Digitality: Aus dem Vernetzungsrausch wird kultivierte Digitalität.
Glocalisation: Aus globaler Vereinheitlichung wird glokale Vielfalt.
Co-Society: Aus Polarisierung werden neue Brückenschläge.
Conscious Economy: Aus der Leistungsgesellschaft wird die Sinnökonomie.
Mindshift Revolution: Aus sozialer Ungleichheit werden ermächtigte Identitäten.
Eco Transition: Aus grünem Verzicht wird systemische Nachhaltigkeit.

(Quelle: „Future:System. Transformation Beyond Megatrends", The Future:Project 2023)

Synthesen öffnen den blockierten Raum in neue Kombinationen, die *evolutionsfähig* sind. Die Evolution betreibt nichts anderes: Sie stellt via Gencode aus Organismen *Rekombinationen*, Hybride, her, die entweder in ihren Umwelten überleben oder nicht. Vögel waren früher Dinosaurier. Säugetiere haben sich aus Reptilien entwickelt, in allen Formen und Farben. Menschen sind komplexe Zusammenfügungen von vielen Tierarten.

Rekursionen erzählen die Geschichte der zeitlichen Selbststabilisierung komplexer Systeme. Das Alte kehrt wieder. Und verändert sich dabei. Das Neue variiert sich, passt sich dem Gewachsenen an. Die Paradoxien, die sich durch dynamischen Wandel gebildet haben, werden auf einer höheren Ebene aufgelöst. Immer wieder, in einer endlosen Schleife.

Jonas Salk, Arzt und Immunologe:

„Bei der Frage der Zukunft geht es um die Fähigkeit, rückwärts gemachte Beurteilungen nach vorn zu richten.“

3

Das Neue ist nicht immer das Bessere

Seien wir mal ehrlich!

Zukunft ist vor allem verbunden mit dem Begriff „neu“. Was neu ist, scheint automatisch die Zukunft zu repräsentieren. *Neu, neu, neu!* Es unterscheidet sich ja vom Alten dadurch, dass es vorher nicht da war. Also jetzt gerade Zukunft ist.

Zukunftsnarrative handeln oft davon, wie das spektakulär Neue das Alte völlig ersetzt. Beliebt ist dabei alles, was durch die Luft fliegt: fliegende Autos, Raumschiffe, früher auch Raketenrucksäcke, mit denen man – zisch! – durch die Luft sausen konnte.

Zukunftsgeschichten erzählen auch gern von Wunder-Prothesen, die die menschlichen Fähigkeiten in Superman-Potenzen erhöhen. Zum Beispiel Geräte, die wir ins Hirn schrauben können, damit wir „intelligenter“ werden. (Preisfrage: Was ist eigentlich *Intelligenz?* Wie definiert man das? Schneller denken? Mehr denken?)

Die berühmte *Künstliche* Intelligenz soll alles besser wissen als wir. Aber auch dabei kommt es zu Verirrungen. Was heißt eigentlich „wissen“? Heißt es auch „entscheiden“? Und welche Daten, welchen Weltzugang braucht man, um etwas *besser* zu wissen?

Neu ist eben nicht unbedingt besser.

Ist das Internet besser als Zeitungen, wenn es um die Übertragung von Informationen geht? Wenn man die Schnelligkeit betrachtet, ja. Wenn man die menschlichen Kommunikationsformen betrachtet, war das Internet womöglich eher ein Rückschritt.

Ist eine Plastikflasche (neu) besser als eine Glasflasche (alt)?

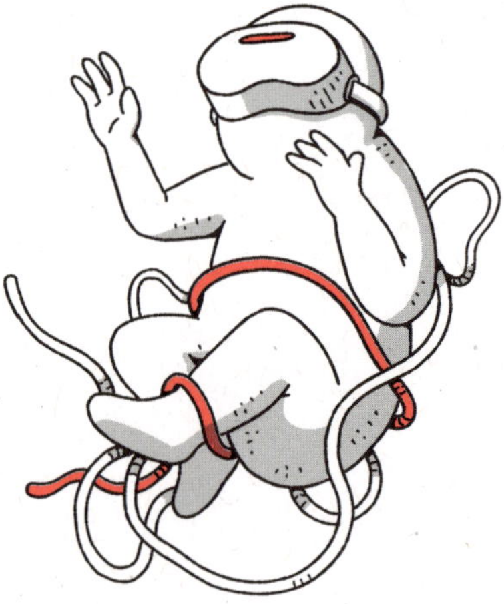

DAS KINDCHENSCHEMA DER ZUKUNFT

Die meisten Zukunftsbilder stammen aus einer Kindheit, in der Technologiegewinne immer grandios und unbestritten waren. Roboter, glänzendes Metall, Wolkenkratzer, alles ist vollautomatisch und komfortabel. In diesem Schema sieht man die Zukunft aus der Perspektive eines Kindes, das zu Weihnachten und Geburtstagen sehnsüchtig auf neue Geschenke wartet. Die superheiße Stereoanlage. Die tolle Carrera-Bahn. Die Spielkonsole der neuesten Generation. Beam me up, Scotty! Neu war eigentlich immer besser. Wie soll der Comiczeichner und Drehbuchautor Matt Groening („Die Simpsons", „Futurama") einmal gesagt haben: „Früher wurde uns die Zukunft als eine Welt dargestellt, in der wir alle in den gleichen Uniformen herumlaufen. Aber ich vermute, es werden eher eine Menge Kabel aus der Wand hängen."

Provokativ gefragt: Hat die viel gerühmte Digitalisierung, der Meta-Super-Über-Hype der vergangenen Jahrzehnte, tatsächlich den Fortschritt gebracht, den uns die Business- und Bankenberater:innen, die Nerds und Innovations-Euphorisierten, die immer von der wunderbaren Disruption schwärmten, versprochen haben?

Die Digitalisierung hat uns ja auch noch gebracht:

- Hass auf allen Kanälen
- Ständiges Versagen beim Vergessen von Passwörtern
- Während einige Leute und Gruppen steinreich wurden, wurden andere zu schlecht bezahlten Paketboten.
- Gigantische Monopolisten, die alle Daten der Welt aufzusaugen versuchen
- Zunehmend auch: Das ganze Zeug funktioniert nicht mehr so richtig. Es wird alles irgendwie überkompliziert.

Nichts gegen das Digitale. Und die Digitalisierung. Nein, ich will nicht ohne meinen Laptop und mein Smartphone leben. Aber noch mal: Nicht alles, was neu ist, ist immer auch gut – und besonders die großen Technologieentwicklungen haben Nebenwirkungen, die man verstehen, eindämmen und schließlich überwinden muss. Dabei verschwindet vieles, was gerade noch als die heißeste Innovation gilt, schnell im Keller.

Sind Plastiktüten besser als Stoffbeutel? Sind digitale Medien besser als analoge? Ist das neueste Parfüm, der neueste Burger wirklich *besser, nur weil sie neu sind?*

Kann sich jemand noch an Aibo erinnern, den Hunderoboter?

Oder an 3D-Kinos, die eigentlich die *alten* Kinos ersetzen sollten?

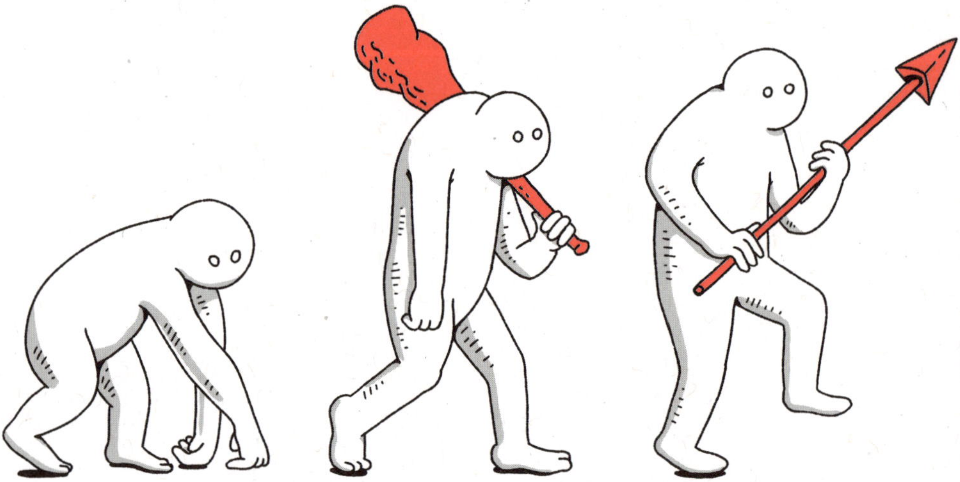

Sogar der Segway, dieser magische Roller mit den Gyroskopen, der um die Jahrtausendwende als Revolution des Stadtverkehrs galt, scheiterte am gewachsenen Mobilitätssystem der Städte. Man konnte mit diesem magischen Gerät keine Lasten transportieren. Und es war zu schwer, um es in einer dichten Großstadt in den zweiten Stock zu tragen. Heute haben wir Elektroroller, die wiederum andere Probleme machen.

Wie in der Natur sind auch die menschlichen Erfindungen von Selektionsmechanismen umgeben. Hat schon mal jemand einen Hasen mit Flügeln gesehen? Gab es vielleicht mal, irgendwann. Wurde aber verworfen, von den damaligen Umweltverhältnissen. So ging es auch tausendfachen Innovationen, die zwar sensationell aussahen, in ihrem „Nutzungsbiotop" aber schnell aufgegeben wurden.

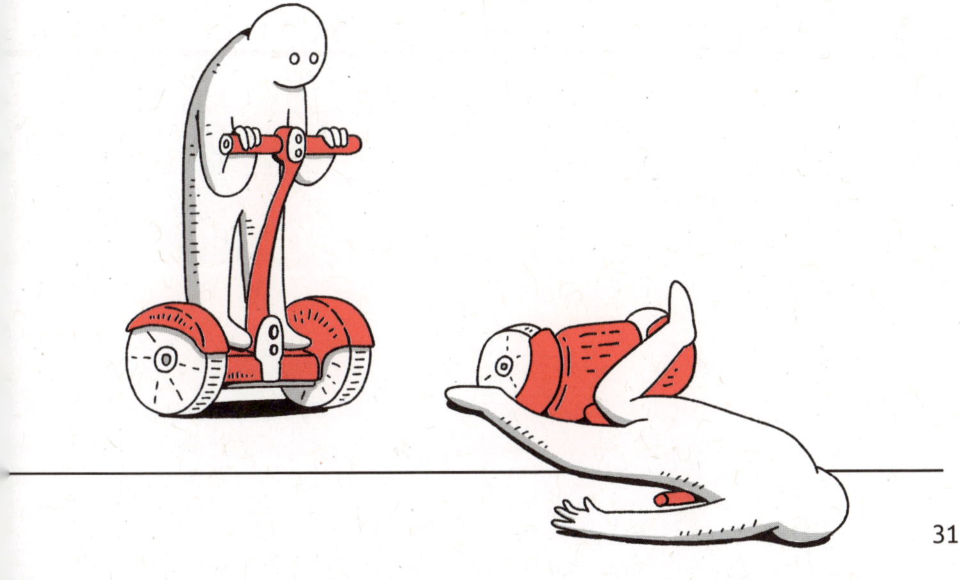

Das Neue kann zu einer regelrechten Fluchtpanik werden. Siehe Elon Musk, der uns auf den Mars transportieren will, aber nicht beantworten kann, was wir dort eigentlich *sollen*.

Oder das Metaverse: Wenn sich bestimmte Geschäftsmodelle als ungut herausstellen, erfindet man sogleich etwas Über-Neues, das niemand so recht versteht. Man versucht zum Beispiel, die reale Welt in Pixeln nachzubauen. Und dafür Geld zu verlangen. Alles Geld der Welt. Oder Kryptowährungen.

Manchmal sind wir von sensationellen Erfindungen so geblendet, dass wir sie für eine fantastische Revolution halten. Dabei sind sie nur Betrug, der den Selbstbetrug vieler Menschen ausnutzt.

„Move fast and break things": Dieser euphorische Innovations-Slogan des Silicon Valley klingt heute plötzlich nach einem Fluch und einer Gewaltandrohung.

Die *echte* Zukunft – oder das *wahre* Neue – erscheint dann, wenn Innovationen mit realistischen Intentionen für das menschliche Wohlergehen zusammenkommen. Wenn Soziales und Technisches in einen Zusammenhang geraten. Und wenn daraus Systeme entstehen, die sich weiterentwickeln und verfeinern können. Positive technologische Evolution. Ein Solarkollektor allein macht kein gutes Energiesystem. Aber ein CO_2-freies Energienetz, von dem die Menschen, die es betreiben und errichtet haben, etwas haben – das wäre Zukunft.

Das wirklich Neue ist ein eleganter Tanz zwischen dem bewährten Alten, dem *kreativen* Neuen (Innovationen, die nicht einfach aus Verkaufsgründen entstanden sind) und dem wahrhaft Sinnvollen.

Dance it!

Rebecca Solnit, Historikerin:

„Hoffnungsvoll zu sein heißt, Unsicherheit gegenüber der Zukunft auszuhalten und zärtlich zu Möglichkeiten zu sein. Und entschlossen für Wandel einzutreten – bis in die Tiefe des Herzens."

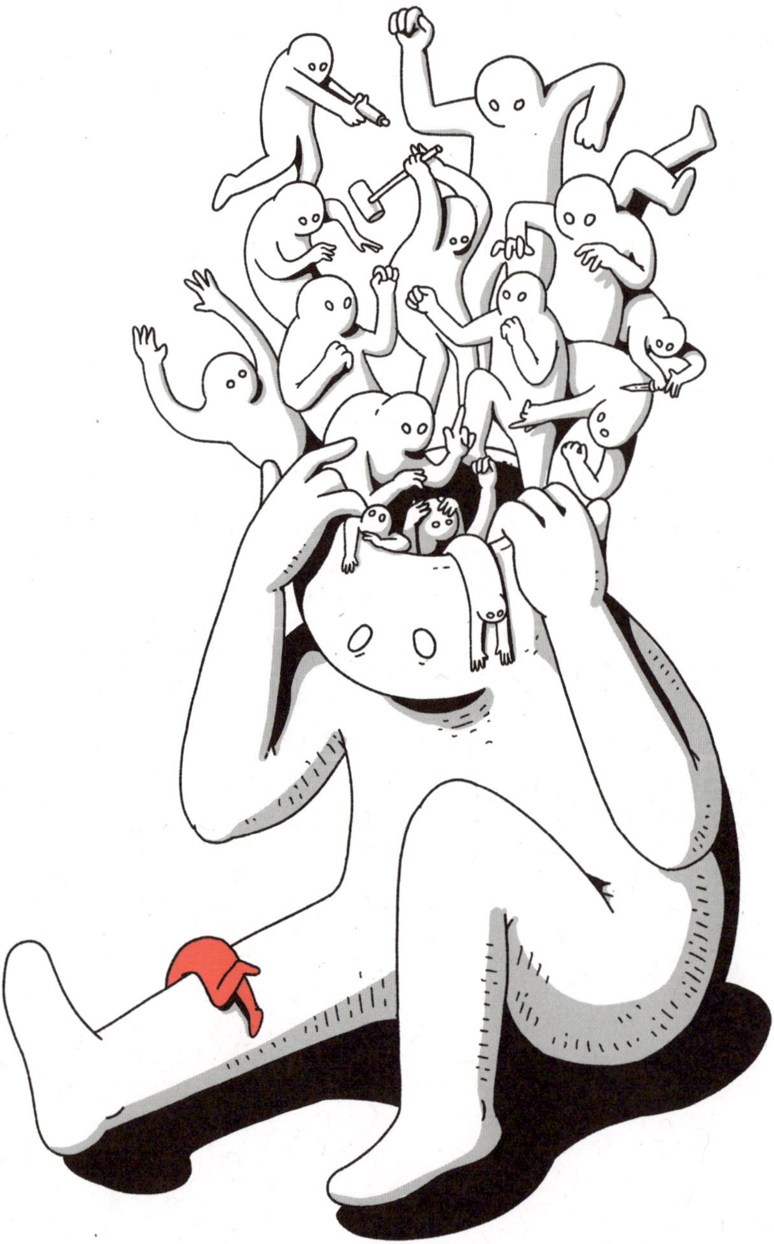

4

Vermeiden Sie Meinungen!

Üben Sie Weitsinn als beste Fähigkeit des Future Mind

Haben Sie auch eine Meinung?

Na klar haben Sie die. Meinungen sind heutzutage Pflicht.

Zu allem.

Machen Sie einmal ein Experiment. Versuchen Sie, zu etwas, das gerade in den Medien heiß umstritten ist – das Recht von transsexuellen Menschen oder Elon Musk oder Elektromobilität oder das Sich-Festkleben-auf-Straßen oder die Kompetenz von Politikern –, *keine* Meinung zu haben.

Versuchen Sie es.

`Jetzt!`

Merken Sie? Das ist schwer. Wenn wir keine Meinung haben, fühlen wir uns irgendwie – nackt. Defizitär. Es fehlt was.

Wir leben in einer hypermedialen Gesellschaft. „Hypermedial" heißt, dass Medien und Meinungen unsere Wirklichkeit strukturieren. Über der Welt hat sich eine dicke Wolke gebildet, eine zweite Realität aus Strömen von Meinungen und Gegenmeinungen. Meinungen über Meinungen und so fort.

Meinungen sind Reizstoff und Zünder, Futter für Erregungen, Anlass für ungeheure Shitstorms. Meinungen erzeugen Aufmerksamkeiten, die sich zu Geld machen lassen. Das ganze mediale Universum wird angetrieben vom Benzin (oder der Kohle) von Meinungen.

Meinungen sind Deutungen, mit denen wir die Wirklichkeit auf einen Punkt bringen wollen.

Die meisten Meinungen sind blind gegenüber sich selbst. Sie erscheinen uns – von unserer jetzigen Situation aus – völlig richtig. Logisch, konsistent. Dabei entstehen Meinungen meistens nicht aus Nachdenken, Ableiten oder Erkenntnis. Sondern aus Zufällen.

Man kennt jemanden, der jemanden kennt. Oder man hat einen guten Freund, den man bewundert. Man liest etwas im Internet, und plötzlich erscheint all das, was man vorher „im Kopf nicht zusammenbekam", vollkommen logisch.

Eine große Rolle spielt dabei das *Othering,* auf einer anderen Ebene auch Polarisierung genannt. Es besteht darin, dass man seine Meinung als Gegenmeinung, in Gegnerschaft, erwirbt. Es geht dann um Abwertungen von anderen Menschen oder einer anderen Gruppe. Die Meinung wird durch ihr Gegenteil erzeugt.

Sehr oft handelt es sich bei Meinungen um solche Wertungen, die durch Abwertungen entstehen. Man lese die

Kommentarspalten unter Artikeln im Internet. Meinungen beziehen sich meistens auf andere Meinungen.

Sich an der Straße aus Protest festzukleben, ist sinnlos und dient nicht dem Kampf gegen den Klimawandel!

`Blöde grüne Idioten!`

Fußball ist doch inzwischen das Letzte!

`Die verdienen zu viel!`

Politiker:innen sind doch völlig unglaubwürdig und korrupt!

`Das sagen doch alle!`

Meinungen sind *Reduktionen*. Sie reduzieren die komplexe Wirklichkeit auf *einen* Aspekt. *Abwägende* Meinungen, in denen bestimmte Aspekte in *Zusammenhang* gebracht werden, sind hingegen selten geworden. Wann sagt jemand in der Meinungsarena „Einerseits sehe ich dies – andererseits aber auch das ...“?

Üben Sie einmal mit folgenden Sätzen:

„Ich weiß es nicht.“

„Es ist wahr, aber man könnte es auch anders sehen.“

„Können wir das von einer anderen Perspektive betrachten?“

Meistens käme man gar nicht so weit. Die Moderatorin einer Diskussionsrunde würde Sie sofort unterbrechen. Im rasenden Meinungsnetz bekommen Sie kein *Like* für Abwägungen.

Die Steigerung von Meinung ist der Meinungskrieg. Meinungskriege sind immer narzisstisch. Es geht selten darum, etwas zu lernen, das eigene *Mind* zu erweitern. Es geht um Behauptung, vor allem Selbstbehauptung. Recht behalten, je mehr der andere widerspricht.

Aber was hat all das mit *Zukunft* zu tun?

Meinungen stehen zwischen uns und der Zukunft.

Denn die Zukunft ist immer die Verbindung von Aspekten zu einem größeren Ganzen.

Die Zukunft entsteht durch neue Wahr-Nehmungen der Welt.

Wenn wir aber eine Meinung haben, nehmen wir die Welt nicht mehr *wahr*.

Wir spüren nicht mehr in sie hinein.

Wir wollen nichts mehr wissen.

Wir glauben, dass alles fertig ist.

Lebendige Organismen sind darauf angewiesen, ihre Umwelt *wahr*zunehmen. Wenn sie das nicht können, werden sie von der Evolution früher oder später aussortiert.

Interessanter als Meinungen sind Standpunkte. Ein Standpunkt unterscheidet sich von einer Meinung dadurch, dass wir eine Position bewusst provisorisch einnehmen. Wir bewegen uns dabei auf einem Feld von Möglichkeiten. Das gibt uns eine gewisse Beweglichkeit.

Es könnte auch anders sein!

Noch interessanter sind *Haltungen*. Eine Haltung ermöglicht eine bestimmte Unbestimmtheit, eine Unschärfe, die uns in die Lage versetzt, in einem breiten Winkel in die Welt zu schauen, ohne dabei die Übersicht zu verlieren.

Eine Haltung ist eine Meinung mit Würde und Selbstgefühl.

Und dann gibt es noch die Kategorie des Glaubens.

Auf den ersten Blick ist der Glaube der Meinung ähnlich. Nur größer und konsequenter. Dogmatischer.

Wozu brauchen wir also den Glauben? Weg damit!

Vorsicht. Glaube ist in Wahrheit etwas anderes: eine Entscheidung, für die man sich zuständig fühlt, die aber über einen selbst hinausreicht.

Wenn man glaubt, committet man sich für eine bestimmte Vorstellung von Weite. Man lässt sich dabei auf ein Risiko ein, unter anderem das Risiko des Wunderns und Staunens. Und des Scheiterns.

Und genau das kann die Welt lebendig machen. Während wir mit Meinungen die Welt festnageln, eng machen, machen wir sie mit dem Glauben groß und weit.

Das gilt auch für den nicht-religiösen Glauben.

Und vor allem für den Glauben an die Zukunft.

Haben Sie das schon einmal erlebt? Dass Sie bei einer Diskussion – einer der üblichen Streit-Talkshows oder einer Diskussionsrunde im Freundeskreis – *alle* Standpunkte richtig fanden?

Das kann einen sehr verwirren. Man gerät ins Schleudern. Gibt es überhaupt keine Wahrheit mehr? Ist alles vollkommen beliebig? Bin ich selbst vollkommen schwammig?

Nein, man ist nur *weit*. Vielleicht gibt es dafür ein neues Wort: Man hat *Weitsinn*.

Wahrheit ist ein polierter Kristall. Ein Kristall, der in seinen Facetten die verschiedenen Aspekte der Wirklichkeit spiegelt.

Die Wirklichkeit ist ein Ganzes.

Fangen Sie den Kristall.

Er führt Sie in die Zukunft.

Pema Chödrön, buddhistische Nonne und Schriftstellerin:

„Intelligence is like seeing thoughts as thinking, not having opinions about whether these thoughts are right or wrong."

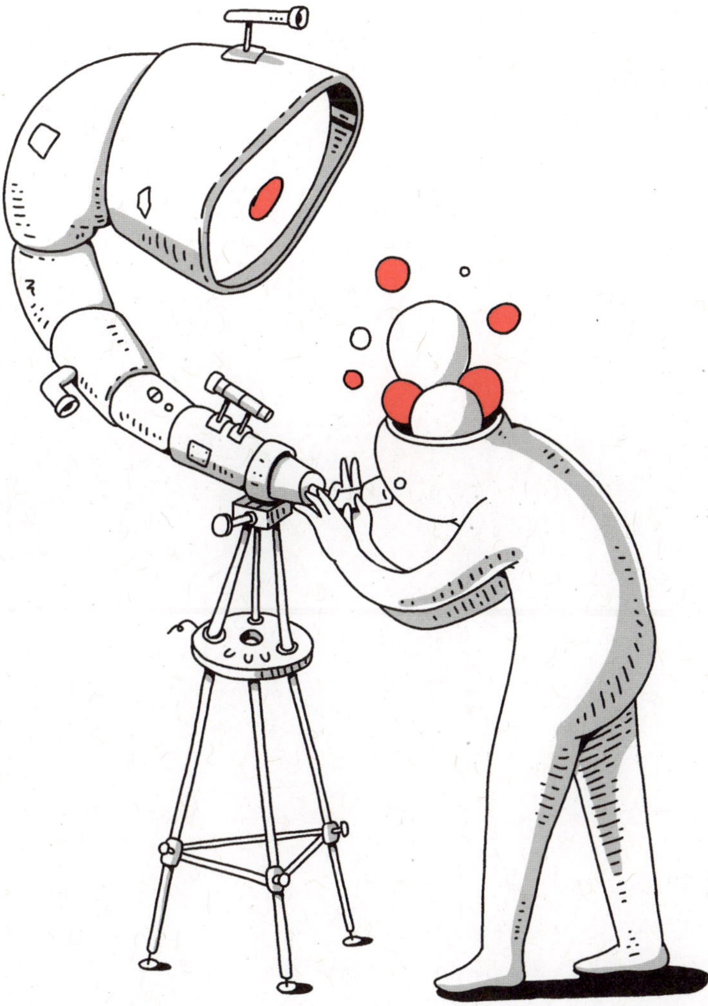

Vermeiden Sie Meinungen!

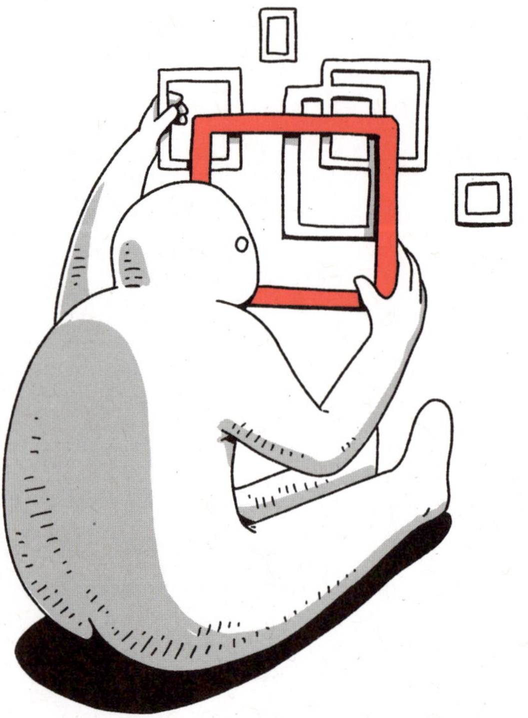

5

Trainieren Sie das Reframing der Welt!

Haben Sie schon einmal vom *Tromsö-Phänomen* gehört?

Tromsö ist Europas nördlichste Großstadt. Sie liegt in Norwegen. 78.000 Einwohner:innen, 344 Kilometer nördlich (!) des Polarkreises.

Dort ist es das halbe Jahr über dunkel. Diese Tatsache wurde lange Zeit als Begründung dafür gehandelt, dass Tromsö eine hohe Selbstmordrate hatte. Vor 30 Jahren war die Stadt tatsächlich „am Ende". Hoher Alkoholismus, viele Arbeitslose, jede Menge Depressionen. Die Stadt verlor ständig Einwohner:innen. Wer will schon da wohnen, wo sich nur noch die Schneefüchse Gute Nacht sagen? Die großen Fischfabriken machten dicht. Und das Ende des Kalten Krieges ließ den Ort auch als Marinestützpunkt unnütz werden.

Tromsö ging es wie anderen aufgelassenen Industriestädten – ein taumelnder Niedergang ins Nichts.

Doch dann geschah etwas Seltsames. Etwas Wunderbares.

Kari Leibowitz, eine junge Stanford-Psychologin, untersuchte im Jahr 2015 den „Winterblues" in Tromsö. Dabei nutzte sie die Erkenntnisse der Psychologie-Professorin Alia Crum, die sich mit den inneren Einstellungen von Menschen, den Mindsets, beschäftigen. Mithilfe der Methode der *Stress Mindset Measure* entwickelte Leibowitz eine „Wie hältst du es mit dem Winter?"-Skala. Die Menschen aus Tromsö konnten auf der Skala wählen zwischen „Es gibt viele Aspekte am Winter, an denen man sich erfreuen kann" oder „Ich finde die Wintermonate dunkel und deprimierend und versuche, so viel wie möglich wegzufahren".

Erstaunlicherweise sahen viele Bewohner:innen von Tromsö die Dunkelheit überhaupt nicht mehr als „Problem". Sie nahmen sie noch nicht einmal als „dunkel" wahr! Sondern im Gegenteil als eine Jahreszeit des Lichts! Sie *freuten* sich auf die dunkle Jahreszeit!

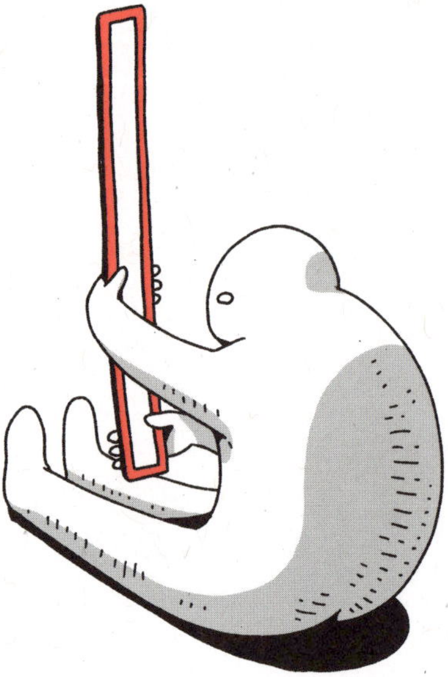

Es gibt im Skandinavischen das schöne Wort *Hygge*. Hygge ist Gemütlichkeit, Zusammenrücken. Dazu passt das Licht in all seinen Varianten, von Kamin und Kerzen bis zu Fackeln und Kino. Die Sterne, die in der klaren arktischen Nacht besonders hell leuchten. Und das *Nordlicht*. Auch der Bewegungsmangel im Winter ist in diesen Breitengraden nahezu unbekannt. Im Winter legt man in Tromsö viele Strecken auf Skiern zurück, treibt Indoor-Sport, schaut gemeinsam Filme und feiert unendlich viele Partys.

„Als der November kam, waren Cafés und Restaurants, die heimischen Wohnzimmer und sogar der Arbeitsplatz von Kerzen erleuchtet", schreibt Leibowitz in ihrem Bericht. „Im Laufe der folgenden Monate konnte ich mit eigenen, staunenden Augen sehen, dass die Polarnacht keineswegs absolute Dunkelheit bedeutete, sondern vielmehr eine Zeit voller bunter Farben und weichem, indirektem Licht war."

Keine Spur mehr von der deprimierten, grauen Niedergangsstadt. Tromsö zieht seit Jahren wieder Bevölkerung an, auch junge Familien und die Creative Class. Eine weit ausgedehnte Kulturszene hatte sich entwickelt. Jeden Januar gibt es in Tromsö ein großes internationales Filmfestival, das trotz Nullgraden teilweise im Freien stattfindet. Und das Arctic Philharmonic Orchestra ist zu einem echten Kultur-Hit geworden.

Was war geschehen?

Ein Wunder?

Nein, ein Reframing. Die Zukunft wurde neu gerahmt. Und dadurch kam sie wieder.

Wir alle schauen durch einen Rahmen in die Welt.

Obwohl wir mit unseren rund 86 Milliarden Hirnneuronen äußerst flexible Verbindungen knüpfen können, ist unsere geistige Kapazität nicht unbegrenzt. Die Realität ist zu komplex, als dass wir sie als Ganzes erfassen können.

Also versehen wir „die Welt" oder „die Realität" mit einem Rahmen, der unser Sichtfeld begrenzt und gleichzeitig strukturiert. Einer „Weltanschauung". Einem Muster oder

Modell, durch das wir die Dinge und Zusammenhänge interpretieren.

Ein solcher Rahmen kann weit oder eng sein. Ein Spalt, eine Schießscharte. Oder ein großes, großes Fenster hin zur Wirklichkeit.

Die *Frames,* in denen wir leben, sind zunächst durch die Kultur geprägt, in der wir aufgewachsen sind. Unsere Eltern bestimmen unsere Frames. Aber auch die Gesellschaft, die Tradition, die Symbole und Memes, die Narrative der Gesellschaft.

Frames sind mehr als subjektive Meinungen. Es sind mentale und kulturelle Konstruktionen, Musterbildungen, mit denen wir der Welt in unserem Inneren Halt und Gestalt geben.

Eine Konsistenz.

Die mentalen Modelle, die unsere Frames bilden, definieren die Art und Weise, wie wir die Welt verstehen und in ihr agieren. Frames ermöglichen uns, zu generalisieren.
Sie erzeugen Abstraktionen, die wir auf andere Situationen übertragen können. Damit können wir neue Situationen handhaben, ohne alles immer noch einmal mühselig von vorn lernen zu müssen.

Diese *Kompatibilität* von Frames macht ihre Produktivität aus. Gute Frames haben Verzweigungen in andere Frames, sie sind anschlussfähig.

Vor der Renaissance wurden Gemälde und Zeichnungen immer ohne Perspektive erstellt. Das perspektivische Darstellen führte erst Filippo Brunelleschi im 15. Jahrhundert ein.

Es veränderte ganze Weltbilder und führte zu einer neuen Epoche.

Wir können lernen, unsere Frames zu verändern. Oder mit mehreren Frames zu operieren, die wir der jeweiligen Situation anpassen.

Denn bleiben wir immer in den gleichen Rastern der Wahrnehmung, werden wir irgendwann scheitern, wenn sich die Umwelt-Umstände ändern.

Frames vermitteln zwischen dem Nichts und dem Chaos.

In T. S. Elliots epischem Poem „The Waste Land" hängt nichts miteinander zusammen. Der Kosmos verwirrt sich. Es gibt keinen Frame. Es ist ein Land, wo nichts zu finden ist, das sinnvoll wäre. „I can connect / Nothing with nothing."

Das berühmte *Schwurbeln* – das passiert, wenn die Rahmen auseinanderfallen. Denn wenn wir in die Haltlosigkeit fallen, können Frames eine toxische Gestalt annehmen. Dann sieht man die Welt durch eine Schießscharte, in der sich nur Feinde zeigen. Oder durch einen verengten Spalt, in dem kein Horizont mehr sichtbar ist.

WIE MAN DIE EIGENEN FRAMES VERÄNDERT

Repertoire: Inspizieren Sie das Spektrum Ihrer Frames.
Repurpose: Passen Sie einzelne Frames neuen Situationen an.
Reinvent: Erfinden Sie neue Frames.

Der Umgang mit den eigenen Frames definiert unsere *Zukunftskompetenz,* unsere *Future Fitness*. Wandel entsteht in der inneren Wahrnehmungsadaption an Veränderungen, mit denen wir in der Lage sind, uns in *neuen Räumen* zu bewegen.

Altwerden heißt: In engen Frames festzustecken. Ideologien sind stark gefärbte Frames, die keinen Durchblick mehr geben. Viele Menschen neigen dazu, sich hinter ihren Frames zu verstecken. Dann werden *Meinungen* daraus, mit denen man jedes Erleben der Welt ausschließt.

Der Umgang mit Frames ist keine Frage des biologischen Alters. Es ist eine Frage der geistigen Viskosität.

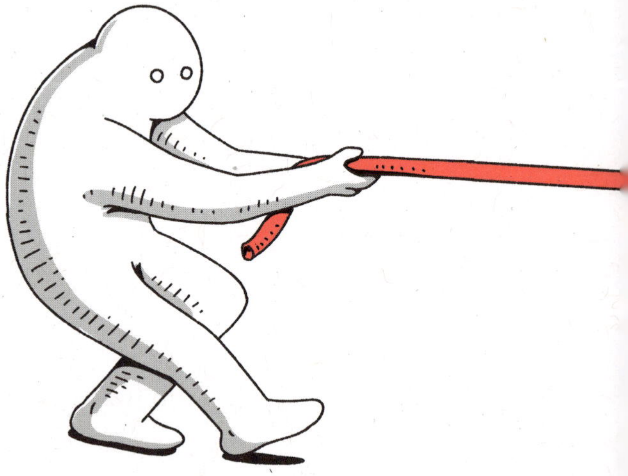

Mario Sixtus, Publizist:

„Was, wenn dieses wilde Gedankengestrüpp namens Zukunft ein evolutionäres Tool ist? Ein Hilfsmittel, das Menschen sich im Verlauf ihrer Entwicklung zurechtgelegt haben, um ihre Umwelt, ihr Jetzt, besser verändern zu können?“

6

Verstehen Sie Ihr Future Mind!

Eine kleine Einführung in die Neurofuturistik

Neurofuturistik: Verbindung der Neurowissenschaften mit der Zukunftsforschung. Erforscht die Art und Weise, wie Menschen mental die Zukunft konstruieren, und wie das wiederum unsere Handlungen steuert.

Was hat das Hirn mit der Zukunft zu tun? Eine ganze Menge. Unser Hirn ist ein von der Evolution geformter Prognose-Apparat, der uns in die Lage versetzt, die Zukunft „vorauszusehen". Dieses Geschenk der Evolution gibt uns ganz besondere Fähigkeiten, die den Homo sapiens von allen anderen Spezies unterscheidet.

Allerdings ist es hilfreich, zu verstehen, *wie* unser Gehirn das macht. Wo seine Stärken der Zukunftsvorhersage sind. Und seine Schwächen.

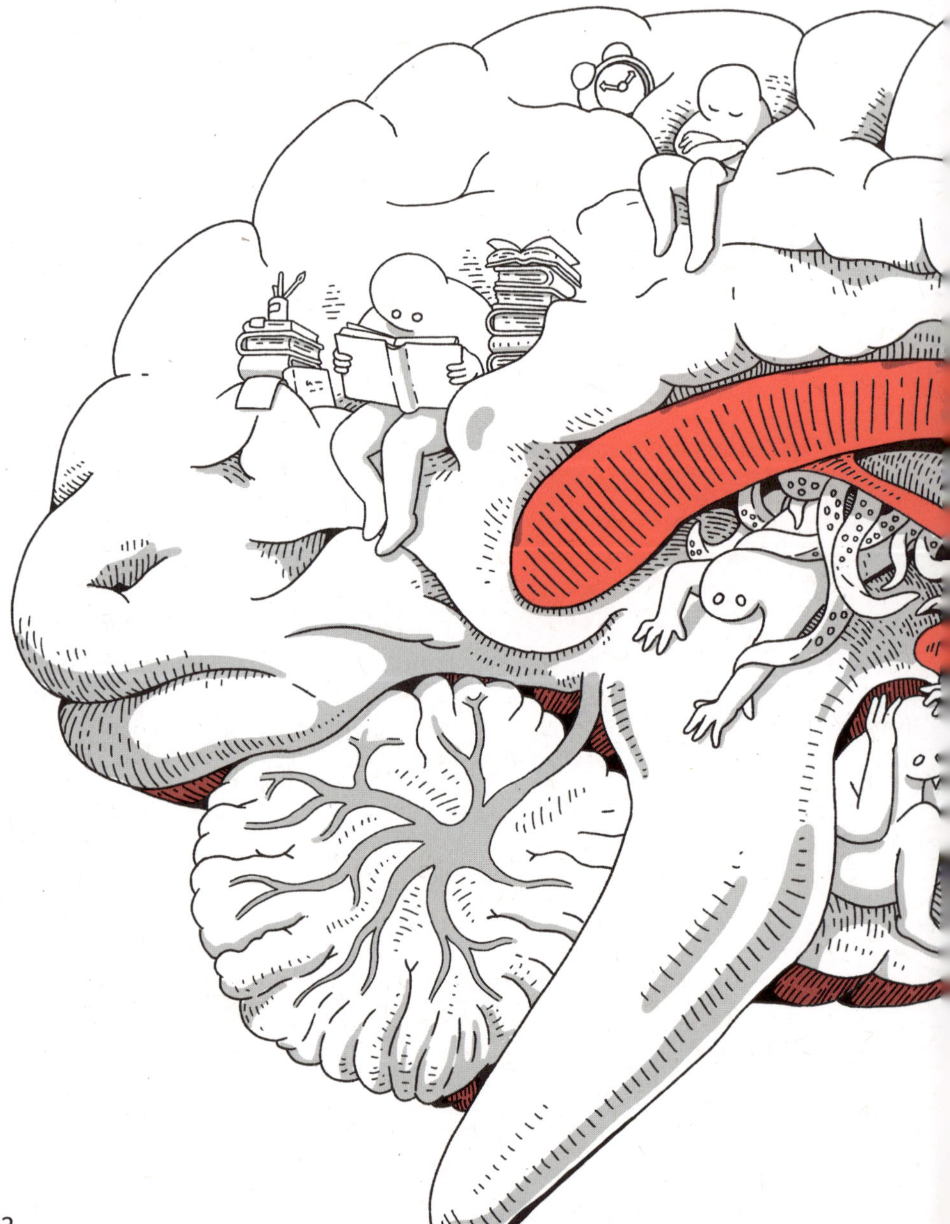

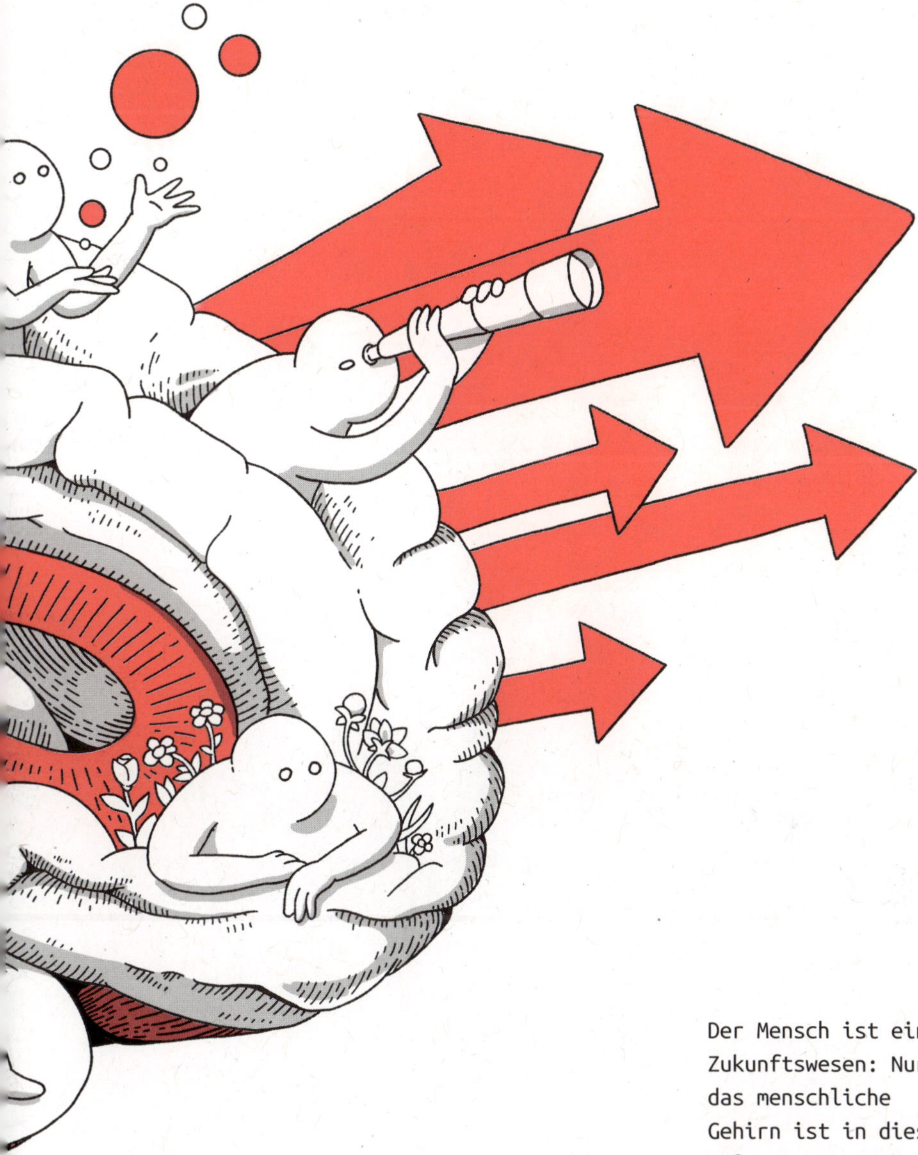

Der Mensch ist ein Zukunftswesen: Nur das menschliche Gehirn ist in diesem Maße zur Prognose fähig. Das heißt allerdings nicht, dass wir darin immer besonders gut sind.

Vor rund 2 Millionen Jahren fingen unsere Vorfahren an, Werkzeuge systematischer zu fertigen und zu verbessern. Dieses erstaunliche Geschehen weist darauf hin, dass unsere Vorfahren zum ersten Mal *Imagination* (statt nur „Trial und Error") nutzten.

Schauen wir uns zunächst die Grundkonstruktion unseres Hirns an:

Das *Stammhirn:* Hier agieren die ursprünglichen Instinkte wie Flucht, Verstecken, Angriff, aber auch die Regulationsfähigkeiten von Muskelkontraktion, Verdauung, Erregung.

Das *Limbische Hirn:* In dieser zweiten, das Stammhirn überwölbenden Struktur werden basale Instinkte in soziales Verhalten übersetzt. Es ist der Bereich der *Emotionen,* die uns auf komplexere Weise mit der Außenwelt verbinden.

Der *Kortex:* Nur der Mensch besitzt eine derart dicke Schicht von Neuronen, die sich in der Stirn zu enormer Dichte zusammenballen. Diese Schicht zieht sich in mehreren Abschnitten über den vorderen Hirnbereich (frontaler Kortex, cingulärer Kortex et cetera). Diese Neuronenschicht ist der Sitz der Reflexion, des assoziativen Denkens. Der Kortex erzeugt eine Struktur der *Temporalität:* Im Hippocampus gespeicherte Gedächtnisinformationen lassen sich hier in Form von *Fiktionen* vorwärts und rückwärts „prozessieren". Hier werden *Zukunftsbilder* geformt. Und das hat unmittelbar etwas mit dem *Bewusstsein* selbst zu tun.

In seinem Schlüsselwerk „Mindsight" schreibt Daniel Siegel, Professor für Psychiatrie und Gründer des Mindsight Institute:

„Viele verschiedene Tierarten verfügen zwar über ein Nervensystem, mittels dessen sie ein Ereignis antizipieren können – zum Beispiel wenn sie in einem Experiment zum konditionierten Lernen ein aufblinkendes Licht mit Belohnung in Zusammenhang bringen. Für die Zukunft zu *planen,* scheint hingegen eine Erfindung des Präfrontalkortex zu sein. Diese Krönung des präfrontalen Talents – sich vom Heute zu lösen und für das Morgen zu planen – lässt uns Gebäude bauen, Ausbildungsprogramme ausarbeiten und auf den Mond fliegen. In vielerlei Hinsicht kann man den Präfrontalkortexbereich den *Cortex humanitatis* nennen, da er für sehr vieles entscheidend ist, was ausgesprochen menschlich ist."

Episodic Future Thinking – Die Kunst des Zukunftsträumens

Das „Grundformat" unseres Zukunftssinns nennt sich Episodic Future Thinking (EFT). Man kann sich das als die Fähigkeit vorstellen, kleine Szenen zu imaginieren, die aus der Zukunft zu stammen scheinen – eine Art TikTok für Morgenbilder. Wir sind in der Lage, uns etwas szenisch vorzustellen, was noch nicht ist, aber sein wird und sein kann. Es handelt sich um eine Art Wachtraum, in dem man „unterwegs" ist. Das Ganze erinnert sehr stark an Traumsequenzen. Oder eben an Filmszenen. EFT-Patterns sind etwa so lang wie eine längere Kameraeinstellung in Filmen. Drei Phasen sind dafür entscheidend:

- Szenenkonstruktion: Wo bin ich? Wer ist da, und wer sind die anderen?
- Möglichkeitserkennung: Was will ich hier? Wie kann ich etwas ändern?
- Zielsetzung, Strategie: Ich nehme mir etwas vor, das die Ausgangslage verändert.

EFT ist sozusagen die Kernfähigkeit unseres *Future Mind.* Es ist eine Variante des Denkens „mit Bildern", denn hier sind Modelle, Konstruktionen gefragt, die Abstraktionen beinhalten.

Das passiert alltäglich: Wir stellen uns ständig Variablen des Frühstücks, der Fahrt zur Arbeit, des nächsten Urlaubs vor. Das erfordert vielfältige Kombinationen von Gedanken, Verbindungen, Kausalitäten. Und es benötigt einen hohen Energieaufwand, denn daran sind insgesamt zwölf wichtige Hirnareale beteiligt, unter anderem der Hippocampus (Mustergedächtnisspeicher), die Amygdala (neuronales Alarmzentrum) und der Linsenkern, unser „Hirnkern".

Es geht nicht nur darum, sich die Zukunft „an sich" *vorzustellen.* Sondern auch zu antizipieren, wie man sich dort *fühlen* wird (gelangweilt, traurig, wütend, zuversichtlich, fröhlich, erleichtert ...). Die Fähigkeit zum EFT ist eng verbunden mit unserem „temporalen Wohlergehen". Menschen mit Depressionen verlieren bisweilen die Verbindung zur Zukunft, und damit stoppt auch die EFT-Produktion des Hirns. Bleiernes Grau dominiert. Der amerikanische Psychologe Roy Baumeister, der sich mit dem humanen „Future Sense" auseinandergesetzt hat, nennt das „vorausschauende Lebensmotivation".

Robert Musil beschreibt in seinem Roman „Der Mann ohne Eigenschaften", dass jeder Mensch zwei Sinne hat, den Wirklichkeitssinn und den Möglichkeitssinn. Der Wirklichkeitssinn berührt die Fakten, die Kausalität, die *Lage* – das Warum, Wo und Wie. Im Möglichkeitssinn sind wir im Konjunktiv-Futur unterwegs: Was *könnte* sein, was *würde* werden? Diese Welt besteht aus „noch nicht geborenen Wirklichkeiten".

Die Zukunft motiviert uns

In seinem Buch „Homo Prospectus“ – der vorausschauende Mensch – ergründet der Kognitionspsychologe Martin Seligman das Verhältnis des Menschen zur Zukunft als Motivationssystem:

„Die prognostischen Fähigkeiten des Menschen ermöglichten ihm nicht nur, sich neues Verhalten auszudenken ..., sondern auch, sich durch eine *imaginierte* Zukunftsbelohnung zu *motivieren* ... Um effektiv zu sein, benötigt die Voraussicht ein Element, das es von reinem Begehren, von magnetischer Attraktion oder simplem Bedürfnis *unterscheidet*. Eine Fähigkeit, von unserer eigenen Kreativität bewegt zu werden ... Intelligente Aktion über Zeit bedeutet nicht nur, Entscheidungen im Licht kausaler Modelle von Wahrscheinlichkeiten treffen zu können, sondern Möglichkeiten zu kreieren! Rückwärts zu arbeiten von fernen Zielen zu nahen Aktionen, die Voraussetzungen für sie sind, und dann wieder nach *vorn* zu arbeiten ...“

Was uns beim Zukunftskonstruieren *und* Zukunftshandeln hilft, ist eine körpereigene Droge, das Dopamin. Dopamin ist ein Hormon, das stimulierend und anregend wirkt. Das uns Pläne machen und Hoffnungen empfinden lässt. Ohne Dopamin kann unser Hirn nicht gut „in Richtung Zukunft“ funktionieren. Diese seltsame Droge hat eine eigentümliche „transtemporale“ Eigenschaft: Sie belohnt uns bereits für *Erwartungen*.

Sie feuert uns an, zu beginnen.
Und hält uns beim Weitermachen.
Sie lässt sich durch Imaginationen „melken“.

Und simuliert gleichzeitig unsere Visionen.
Von dem, wie es sein könnte.
Oder sein sollte.
Wenn wir etwas *tun*.

Predictive Coding – Wie wir die Welt durch Modelle des Möglichen verstehen

Lesen Sie bitte diesen Text:

Der Rset knan ein ttoaelr Bsinöldn sien, tedztorm knan nam ihn onhe Pemoblre Iseen. Das ist so, wiel wir nciht jeedn Bstachuebn enzelin leesn, snderon das Wrot als gseatems.

Wieso können Sie diesen Text lesen, obwohl es sich eher um Buchstabensalat handelt? Weil in Ihrem Hirn Millionen Wörter und Wortmuster gespeichert sind. Ihr *Mind* sagt beim Lesen die „richtigen" Wörter voraus. Man erkennt diesen Vorausseh-Effekt am besten, wenn es zu Fehlern kommt. Wenn wir einen Satz hören wie „Ich nehme einen Kaffee mit ...", sagt unser Hirn millisekundenschnell die Wörter „Milch" und/oder „Zucker" voraus.

Aber dann lautet der Satz plötzlich:

„Ich nehme einen Kaffee mit *Hund!*"

Bing. Das Hirn erwacht zu besonderer Aktivität. Sofort entsteht eine kognitive Dissonanz. In unserem Hirn beginnen Hunde und Tassen und Gerüche zu wirbeln: Schmeckt der Kaffee nach Hund? Sitzt ein Hund neben der Tasse? Ist ein Hund auf der Tasse abgebildet? Wir spielen Modelle des Möglichen durch. Das ist der sogenannte N400-Effekt.

So bezeichnen Neurolog:innen die Funktion des *Staunens*, bei dem unser Hirn heftige Suchbewegungen zwischen Hippocampus und Amygdala veranstaltet.

Es ist der Moment des Lernens. Und der Kreativität. Die Geburt der Kunst. Wenn eine Pfeife abgebildet ist, aber es steht darunter „Das ist keine Pfeife", dann muss unser Hirn diese Paradoxie auf einer höheren Ebene „erlösen". So trainiert sich unser *Future Mind:* indem es immer neue Abweichungen in den vorhandenen Hirnkatalog integriert. Und dabei Muster, Modelle, Korrelationen, Abstraktionen bildet. Material für die nächste Voraussage-Runde.

Ein entwickeltes *Future Mind* zu haben bedeutet, einen „Kaffee mit Hund" genießen zu können, ohne dabei aus der Fassung zu geraten.

Auf diese Weise differenziert sich der *Predictive Loop,* die große Vorhersage-Schleife, die uns ständig mit der Zukunft in Verbindung hält. Das Hirn baut laufend Modelle, gleicht sie mit den eigenen Vorhersagen ab, eliminiert Fehler, abstrahiert Abweichungen – und lernt durch *Ent*täuschungen dazu. Angetrieben von der Belohnungsdroge Dopamin versucht unser Mind, sich einen Reim zu machen auf das, was war, was ist und was kommen wird.

Wir träumen uns voran.
Lassen uns von der Zukunft über die Zusammenhänge der Gegenwart informieren.
Und schmieden daraus Strategien.
Die auch immer mal schiefgehen.
In einer endlosen Schleife.
Ist das nicht wunderbar?

Die Zukunft ist ein scheues Reh. Wenn man sie anbrüllt, zu viel von ihr will oder sich vor ihr fürchtet, verschwindet sie im Dunkel der Zeit. Wenn man ihr aber achtsam zuhört und sie mit Zuversicht füttert, erzählt sie die Geschichten, die ins Weitere führen.

7

Meiden Sie den Problem-Troll, den großen Zukunftsverhinderer!

Wir leben in einer Welt der Trolle.

Trolle gibt es, wie alle wissen, die schon einmal in Island waren, überall. Sie wohnen in Felsspalten und in den Ritzen von Vulkantuff. Sie sind normalerweise recht klein, circa drei, vier Zentimeter. Sie kichern gern, was sich eher wie „höhöhö" anhört.

Wenn man mit einem Auto durch Island fährt (ich empfehle wegen der rumpeligen Straßen ein altes Landrover-Modell), schmeißen sie ab und zu Steinchen auf die Windschutzscheibe. Das prasselt dann, und man hört ihr Kichern dahinter.

Allerdings haben Trolle eine seltsame Eigenschaft: Je mehr man sie beachtet, desto *größer* werden sie.

Sie wachsen durch eine bestimmte Form der Aufmerksamkeit.

Beugt man sich zu ihnen hinab, wachsen sie gleich einige Zentimeter. Starrt man sie an, wachsen sie schneller. Füttert man sie weiter (mit Problemen, das ist ihre Hauptnahrung), schießen sie regelrecht in die Höhe.

> „Wenn wir Probleme zu unserer Wirklichkeitskonstruktion machen, wenn wir uns von ihnen die Welt erklären lassen, dann werden sie uns erzählen, was wir nicht tun können. Wir können dies nicht, wir können das nicht – unser Leben wird ein Behältnis für Abwesenheit und Versagen."
> – David Niven, Publizist

Solche Problem-Trolle können riesengroß werden. Baumgroß, haushoch. Es gibt welche, die sind so groß wie Berge. Und sie lassen eine Schneise der Verwüstung hinter sich. In ihrer schlechten Laune hauen sie dann alles kurz und klein, ganze Dörfer, Städte, Landschaften, Hoffnungen.

Bilder von diesen *Super-Trolls* findet man im Internet ...

Problem!

Problem!!

Problem!!!

Die ganze Wahrheit über den Troll ist, dass er in uns allen wohnt. Er ist sozusagen ein Innenbewohner. Der Problem-Troll sieht die Welt immer aus der Perspektive des Problems. Dessen, was nicht ist. Was nicht geht. Was niemals sein kann. Er sieht die Welt in Defiziten. Er verstärkt jedes Problem, bis es zu einem Gebirge wird, das unüberwindbar erscheint.

Vielleicht sind die Isländer:innen deshalb in ihrer Mehrheit so gut gelaunt. Sie wohnen am Rande der bewohnbaren Welt, aber sie sind nicht bereit, sich in Probleme verstricken zu lassen. Sie machen die Trolle, die sonst unsichtbar sind, sichtbar. Sie bauen sogar kleine Miniaturhäuser für sie in ihren Gärten. Das hält die Trolle auf Distanz und lässt sie friedlich bleiben. Sie schrumpfen dann, wenn man sie nicht allzu ernst nimmt.

Und, ach ja, Feen, Elfen, Sturmgötter und Windwesen gibt es in Island auch.

Der Problem-Troll ist unser innerer Zukunftsverhinderer. „Trollismus" ist eine Mischung aus schlechter Laune, Weltverachtung und Selbstüberschätzung. Dass man Probleme mit Humor und Menschlichkeit *lösen* kann, ist dem Problem-Troll ein Alptraum. Deshalb schlägt er alles kurz und klein, wenn er den Geruch von *Zuversicht* wittert.

8

Seien Sie zärtlich zu Ihrem Zukunfts-Selbst!

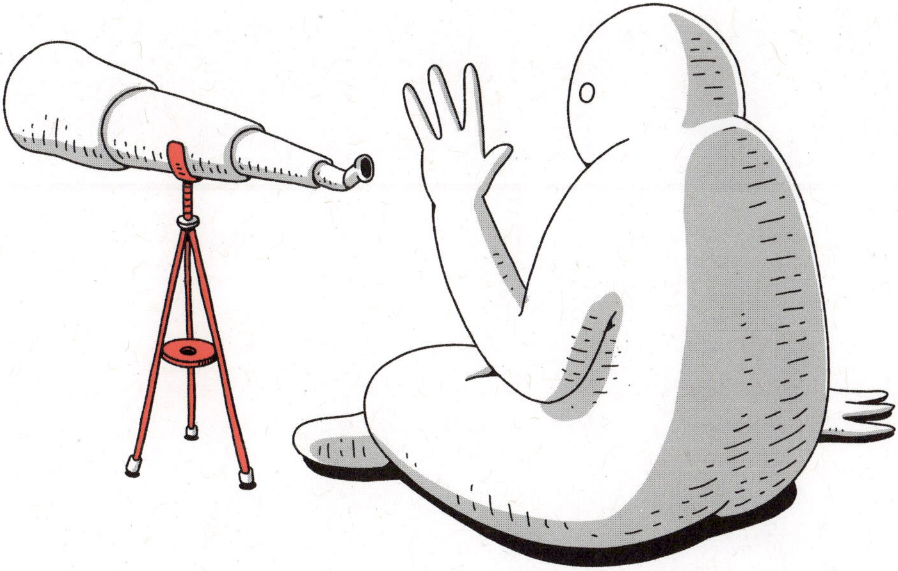

Um die Frage zu beantworten, wie die Zukunft „sein wird", müssen wir uns der Frage annähern, wie wir uns *selbst* verändern werden.

Der Psychologe und Kognitionsforscher Daniel Gilbert hat untersucht, wie Menschen sich im Laufe ihres Lebens verändern. Das ist nicht ganz leicht herauszufinden, weil man ziemlich schnell auf die „Illusion des fixierten Selbst" stößt. Man nennt das auch die *End of History Illusion.* Viele Menschen glauben, schon „fertig" zu sein. Eine konstante Persönlichkeit zu haben, stabile Anschauungen, einen „Charakter".

Vor allem im Alter ändern wir uns nicht mehr. Oder?

Daniel Gilbert hat in seinen Forschungen herausgefunden, dass wir uns im Laufe unseres Lebens ungefähr *doppelt* so stark verändern wie wir glauben. Und bei manchen Menschen findet die größte Veränderung (von Anschauungen, Weltbildern, Denkmodellen, ja sogar Charakterzügen) erst im letzten Lebensdrittel statt. Entweder als Weisheits-Entwicklung – oder als Verbitterung.

Die *End of History Illusion* besteht in der Vorstellung, wir hätten eine fixierte Persönlichkeit, die sich in ihren Einstellungen, Wünschen, Anschauungen und mentalen Mustern nicht mehr wirklich verändert. Welch ein Irrtum!

Warum aber soll es jetzt sinnvoll sein, sich mit seinem *zukünftigen* Selbst in Verbindung zu setzen? Und wie soll das gehen?

Machen wir einen kleinen Test, um uns unserem *Future Me* anzunähern:

Der kleine Zukunfts-Selbsttest

Wie intensiv können Sie sich vorstellen, wie Sie in zehn Jahren sein werden?

1. gar nicht
2. nicht so sehr
3. irgendwie
4. ziemlich gut
5. ganz und gar

Wie ähnlich oder anders sind Sie heute der Person, die Sie in zehn Jahren sein werden?

1. total anders
2. ein bisschen anders
3. ähnlich
4. genau wie heute!

Mögen Sie die Person, die Sie in zehn Jahren sein werden?

1. überhaupt nicht
2. ein bisschen
3. Er/sie ist ganz ok
4. absolut!

(nach Jane McGonigal, „Imaginable. How to See the Future Coming and Be Ready for Anything")

Auswertung: Es gibt hier keine Punktezahlen, kein Richtig oder Falsch. Der Test dient zum Hineinfühlen in die innere Wandlungsperspektive. Wie sehr sehen wir uns selbst als *Werdende* statt als *Fixierte?* Wie kommen wir mit Veränderungen klar?

Wenn junge Menschen ins Erwachsenenalter eintreten, ist die Spannung zwischen dem Jetzt-Ich und dem Zukunfts-Selbst meist am größten. Man stellt sich vor, wer man „werden will". Aber das gelingt nicht immer. Wie auch? Man muss ja erst üben ...

Es kann ziemlich quälend sein, keine Vorstellung von „sich selbst in der Zukunft" zu haben. In manchen Psychotrainings wird diese Technik ganz bewusst als Konfrontation gewählt, etwa wenn es um die Berufsfindung geht. Es ist sinnvoll, und gewinnbringend, diese Spannung auszuhalten. Und dabei etwas über sich selbst zu lernen.

Über unseren Selbst-Horizont.

Unsere Zukunftsbeziehung.

Wir machen uns selbst zur Vision – wie geht das? Und was bewirkt es?

Für unsere individuelle Zukunft ist die Fähigkeit, „sich selbst in der Zukunft zu sehen", entscheidend. Es geht um Selbstwirksamkeit. Wenn wir uns sozusagen von unserem Gegenwarts-Ich verabschieden und das Zukunfts-Selbst „annehmen", erkennen wir uns selbst besser. Das Ich versucht ja, sich selbst als absolut anzunehmen. Aber in Zukunft sind wir ein „Selbst", das über das reine Ich hinausgeht. Wir erkennen: Wir werden im Laufe unseres Lebens Herausforderungen erleben, auf die wir *Antworten* finden müssen. Und das wird uns verändern. Leben besteht genau in diesem Prozess: Antworten auf das finden, was nicht *gewohnt* ist.

Was uns verändern wird.

Der Konflikt zwischen Heute-Ich und Morgen-Selbst

Zwischen unserem Heute-Ich und unserem Morgen-Selbst tobt ein ständiger Kampf. Das Heute-Ich ist unser inneres Kind. Es kümmert sich ausschließlich um das Hier und Jetzt. Es ist ziemlich egozentrisch. Es möchte sich auf Dinge konzentrieren, die eine unmittelbare Befriedigung versprechen. Zu viel Alkohol trinken, Geld für Statussymbole raushauen, Erfolg haben oder Dinge vermeiden, die auch morgen erledigt werden können. Es geht um *Erleben*. Im Jetzt-Ich ist der Horizont der Handlungen ziemlich verkürzt.

Das Morgen-Selbst hingegen ist unser innerer Erwachsener, der sich aus (Selbst-)Veränderungsprozessen entwickelt. Dieses Selbst ist gewissermaßen breiter aufgestellt als das Heute-Ich. Weil es mehr Erfahrung hat. Dieses zukunftsgerichtete Selbst denkt und fühlt perspektivischer. Es kümmert sich um Dinge, die Zeit brauchen – wie menschliche Beziehungen, kreative Lebensprojekte oder soziale Veränderungen.

Um Sinn.

Die Weisheit des Morgen-Selbst lautet: Fokussiere Dich heute auf *eine* Sache, die das Morgen leichter macht!

Eine ganzheitlich-transformative Zukunftsforschung zielt darauf, diese zarten Verbindungen neu zu knüpfen. Zwischen Gegenwart und Zukunft. Zwischen Innen- und Außen-Veränderung. Zwischen Ich und Selbst. Das Ich ist jene Instanz in uns, die auf der Gegenwart beharrt. Das Selbst ist jene innere Realität, die *im Fluss* ist. Die uns, wie Friedrich Hölderlin so schön sagte, „ins Offene führt".

Seien Sie also zärtlich zu Ihrem Zukunfts-Selbst. Sie werden es noch brauchen.

Stephen Grosz, Psychoanalytiker:

„Die Zukunft ist kein Ort, zu dem wir gehen, sondern eine Idee in unserem heutigen Bewusstsein. Etwas, das wir erschaffen und das uns dabei verwandelt."

Seien Sie zärtlich zu Ihrem Zukunfts-Selbst!

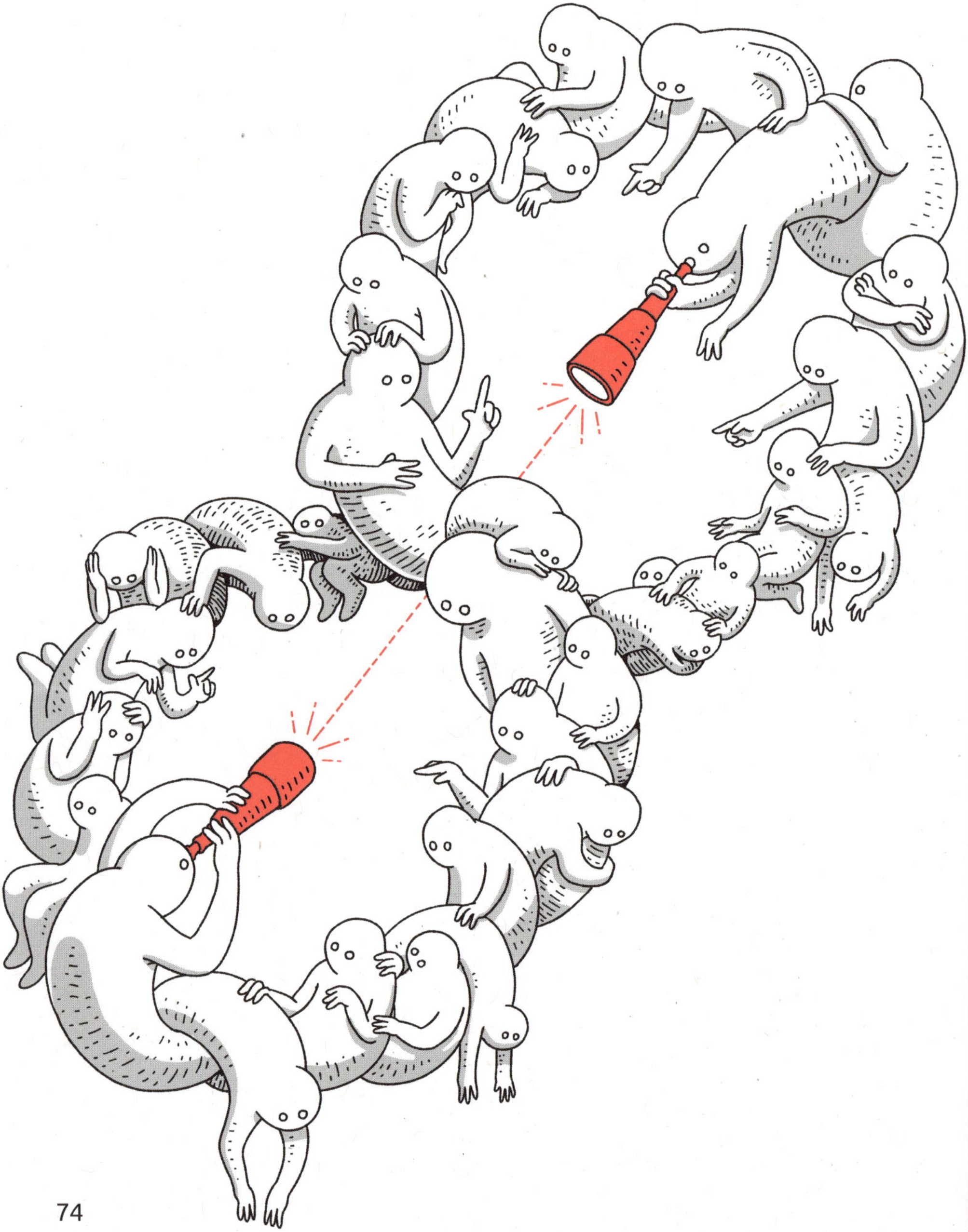

9

Das Regnose-Prinzip

Wie wir aus der Zukunft die Gegenwart erkennen – und dadurch Wandel generieren

Im Winter 1943 ist der KZ-Häftling Viktor Frankl, ein jüdischer Arzt und Psychiater aus Wien, mit einer Gruppe anderer KZ-Insassen auf einem Arbeitseinsatz in einem Steinbruch, als er zusammenbricht. Wahrscheinlich hat er zu diesem Zeitpunkt eine Lungenentzündung. Die Temperatur liegt stark unter null, Frankl hat keine Socken an und nur Fetzen am Leib, seine Schuhe haben Löcher. Er hustet sich die Seele aus dem Leib.

Ein SS-Wächter beginnt mit einem Stock auf ihn einzuprügeln. Schreit ihn an: Wenn er nicht sofort aufsteht, wird er zum Sterben zurückgelassen. Frankl spürt, dass er keine Energie mehr zum Überleben hat. „Das war's dann“, geht ihm durch den Kopf. „Hier endet es.“

Im gleichen Moment spürt er aber auch etwas anderes.

Die Zukunft.

Er imaginiert, wie er in einer Universität in einem vollen Hörsaal steht. Der Krieg ist vorbei, und er hält eine Lesung über „Die Psychologie der Todeslager und die Psychologie des Sinns". Er visioniert das erwartungsvolle Publikum, den Applaus, den Text. In dieser Rede erzählt er über einen Mann, der auf dem Feld liegen blieb, um zu sterben ...

Er steht auf und schleppt sich weiter. Und überlebt.

Im Jahr 1990 hält Viktor Frankl, der Wiener Psychiater, der den Holocaust überlebte, einen Vortrag auf einer großen Psychotherapie-Konferenz in Anaheim, Kalifornien. Er schildert in diesem Vortrag eine Episode im düstersten Teil seines Lebens, in größter Todesnähe, als er bei einem Arbeitseinsatz zusammenbrach und nicht mehr aufstehen konnte. In Anaheim ertönt im Jahr 1990 frenetischer Beifall von 7.000 Teilnehmenden beim Vortrag „Die Psychologie der Todeslager und die Psychologie des Sinns".

Vom Ergebnis her denken

Die „visionäre" Methode, auf dem Umweg über die Zukunft die Gegenwart zu finden, ist nicht ganz neu. Sie klingt auf den ersten Blick „magisch", irgendwie spiritistisch. Aber sie hat in manchen Wissenschaften eine Bedeutung. Weil sie etwas mit den Systemen der Erkenntnis zu tun hat. Mit Wahrscheinlichkeitsprozessen. Und mit den Strukturen des *Future Mind*, des menschlichen Hirns.

Carl Gustav Jacob Jacobi, ein Mathematiker des 19. Jahrhunderts, war ein Freund Alexander von Humboldts, Kind einer Bankiersfamilie, bürgerlicher Revolutionär und ein

Meister im Kopfrechnen. Er erfand eine Methode, mit der er den Prozess der „Formulierung“ (Erstellung von Formeln) revolutionierte. Die sogenannte *Inversions*-Methode.

Jacobi löste komplexe mathematische Probleme, indem er mit dem Ergebnis anfing. Wenn es darum ging, ein Axiom als wahr oder falsch zu erkennen, nahm er zunächst einmal an, es wäre richtig – und versuchte dann, es „rückwärts“ zu lösen.

Ähnlich hat der beste Meisterdetektiv aller Zeiten, Sherlock Holmes, seinen ersten großen Fall gelöst. Der Fall heißt „Ein Skandal in Böhmen“ (1892) und handelt von einem König mit Heiratswunsch, dessen ehemalige Geliebte – eine Opernsängerin mit dem schönen Namen Irene Adler – ein kompromittierendes Foto von ihm besitzt. Dieses Foto musste so schnell wie möglich verschwinden. Wie konnte Holmes diese Stecknadel-im-Heuhaufen-Aufgabe bewältigen? Statt entlang des „Problems“ zu denken und etwa das Haus der Sängerin akribisch zu durchsuchen – ein schwieriges, mit Risiken behaftetes Unterfangen –, dachte er einfach andersherum: von der Lösung des Problems durch *Aktion*.

Er arrangierte mit seinem Assistenten Watson ein großes Feuer auf der Straße direkt am Haus der Opernsängerin. Prompt holte diese das Foto unter ihrer Matratze hervor und floh mit einer schnell herbeigerufenen Kutsche.

DER REGNOSE-EFFEKT ALS EXPERIMENT

„Regnose“ bedeutet, dass wir unsere temporale Welt-Perspektive verändern – wir sehen den zeitlichen Ablauf „von vorn“. Um diesen mentalen Effekt nachzuweisen, gibt es ein spektakuläres Experiment. Man setzt sich einem Menschen, mit dem man das Experiment ausführen will, gegenüber, aber in leicht schräger Position. Dann bittet man ihn, entweder an einen Spaziergang morgen früh oder in zehn Jahren zu denken. Und dann mit geschlossenen Augen den Buchstaben C in die Luft zu malen.

70 Prozent der Teilnehmer, die die zehn Jahre gewählt haben, zeichnen das C verkehrt herum, so dass es „von *vorne*“ lesbar ist. Man reist mit dem Kopf sozusagen in eine anderen Position, in der die Reihenfolge der Dinge vertauscht ist.

(Vgl. Macrae, C. Neil et al.: „Turning I into ME: Imagining your Future Self“. In: Consciousness and Cognition 37, 12/2015, S. 207–213)

Die Schleifen der Prognose

„Prognosen sind schwierig, vor allem wenn sie die Zukunft betreffen“, lautet ein berühmtes Zitat des Komikers Karl Valentin. Aber stimmt das wirklich? Prognosen sind eigentlich ziemlich einfach. Wir machen sie ja ständig, alltäglich, rund um die Uhr. Jeder von uns ist ein Permanent-Prognostiker. Weil unser Hirn gar nicht anders kann.

Eine andere Frage ist natürlich, ob Prognosen tatsächlich „eintreffen“. Dies wird aber immer von zwei Faktoren bestimmt. Erstens von der Qualität unserer Vorherseh-Fähigkeiten: Dabei kommt es darauf an, ob wir unsere „Prognostik“ an die Komplexität des Vorausgesagten anpassen können. Es lässt sich leicht voraussagen, dass sich in zehn Jahren die Erde noch um die Sonne drehen wird. Aber es lässt sich nicht so leicht sagen, wo man sich dann befinden wird.

Zweitens von der Rekursion der Prognose auf unsere derzeitige Wirklichkeit: Man könnte sich ja sozusagen mit sich selbst verabreden, indem man sich vornimmt, in zehn Jahren an diesem Tag zu dieser Stunde an einem ganz bestimmten Ort zu sein. Dann hätte man eine sich selbst erfüllende Prophezeiung erzeugt, die sehr wahrscheinlich eintreten wird.

Man hätte also eine Zukunft in sich selbst erzeugt, die dadurch (mit einer hohen Wahrscheinlichkeit) zur Wirklichkeit wird.

Therapeutische Regnose: Abschied vom Rauchen

Angenommen, Sie wollen mit dem Rauchen aufhören. Viele haben das versucht, und etwa zwei Dritteln gelingt es irgendwann. Der Rest raucht weiter, bis die Lunge aufgibt. Aber wie der Abschied vom Glimmstängel gelingt, ist nicht ganz klar. Die schrecklichen Bilder von schwarzen Lungen auf den Zigarettenschachteln haben jedenfalls keine allzu große Wirkung. Wandel entsteht selten durch Drohung.

Die klassische These ist die Schweinehund-These: Man muss dieses Tier unterwerfen!

Aber hört man mit dem Rauchen auf, indem man sich *diszipliniert?* Das ist wahnsinnig anstrengend und auf Dauer nicht zu gewinnen. Wenn man auf eine Party geht, oder zu einem Essen mit guten Freund:innen, dann kostet das *Nichtrauchen* immer mehr Energie als der ganze Abend bringt! Das ist ein Nullsummenspiel. Meistens ein Minus-Summen-spiel. Der Grund, der uns zur Zigarette bringt, ist ja nicht weg, wenn wir aufhören zu rauchen.

Solange wir uns ständig mit dem *Problem* beschäftigen – also der Tatsache, dass wir jetzt keine Zigarette rauchen *dürfen* –, bleibt unser *Mind* auf das Problem *fixiert*. Wir denken und fühlen dauernd Zigaretten. Wir qualmen innerlich, obwohl äußerlich nichts zu sehen ist. Diese kognitive Dissonanz kann man mit einer einfachen Handlung lösen: sich eine anstecken!

Tatsächlich hört man mit dem Rauchen auf, wenn man sich mit seinem zukünftigen Selbst auf eine besondere Weise anfreundet. Dieses *Future Me* wird gar nicht mehr wissen, warum es früher überhaupt geraucht hat. Es wird es als vollkommen blödsinnig empfinden, sich eine Zigarette anzuzünden.

Wenn wir unser vollkommen rauchfreies *Zukunfts-Selbst* umarmen können, dann wird Rauchen das, was es wirklich ist: unwichtig.

In dieser Prä-Gnose überspringen wir den Problemberg (den Super-Troll, den wir selbst gezüchtet haben) – und landen hinter dem Rücken des Trolls. Von wo aus er ganz klein und harmlos wirkt.

Aus der Zukunft gesehen fügen sich die Möglichkeiten, die sich heute erst andeuten, zu einer Gesamtheit, die der künftigen Realität nahekommt.

Von morgen aus gesehen macht das heutige Krisengeschehen Sinn.

Das alte Normal wird dann zum Un-Normal von heute.

Warum die Klimakatastrophe nur „von vorn" zu verhindern ist

Sind Sie auch der Meinung, dass die Klimakatastrophe nicht aufzuhalten ist? Das glauben etwa 80 Prozent der Deutschen und rund zwei Drittel der Europäer. Und damit wird der Unglaube zum entscheidenden Faktor:

Wenn niemand an die Lösung glaubt, läuft das Problem als Super-Troll Amok.

Ist es *wirklich* unmöglich, eine humane Zivilisation zu entwickeln, die ohne Kohlenwasserstoffe und ständigen CO_2-Ausstoß ihre Energie- und Produktionssysteme betreiben kann?

Alle Techniken für eine postfossile Wende sind längst vorhanden. Solarenergie ist heute ungeheuer leistungsfähig. Und billig. Ebenso Windenergie und die vielen anderen erneuerbaren Energieformen, die noch kommen werden. Geothermie etwa, oder neue Formen von Solarthermie, die gerade neu entdeckt werden, ebenso wie die Nutzung von Wellen- und Gezeitenenenergie – gewaltige Kräfte der Natur.

Rasend schnell entwickeln sich Batteriesysteme, Kondensatoren, neue Materialien, vielleicht gibt es sogar irgendwann eine akzeptable Nuklearenergie. Elektroautos sind heute schon besser und leistungsfähiger als ratternde Verbrenner, die drei Viertel ihrer Energie in Wärme statt in Vortrieb verwandeln. Wir sind heute in der Lage, fast alle Materialien in einen *Cradle-to-cradle*-Kreislauf zu bringen. Auch Lithiumbatterien. Und Kunststoffe, wenn wir sie ein bisschen cleverer designen und handhaben würden ...

Allerdings sind wir von früh bis spät damit beschäftigt, das alles zu bestreiten oder zu ignorieren. Uns gegenseitig anzuklagen, darüber zu jammern, dass „niemand etwas tut", uns Vorwürfe zu machen, zu weinen und zu greinen. Wenn sich Klimaaktivist:innen auf den Boden festkleben, wenden wir tausendmal mehr Energie auf, dazu etwas zu *meinen*, als uns um den postfossilen Fortschritt zu kümmern.

Aber die postfossile Welt wird kommen.
Reisen wir zu ihr!
Und schauen von dort aus zurück.

„So, wie wir Vergangenheitsbewältigung brauchen, brauchen wir auch Zukunftsbewältigung im Sinn einer In-Beziehung-Setzung mit dem Kommenden."
– Aleida Assmann, Kulturwissenschaftlerin

Die Wüste von Abu Dhabi. Das Denkmal für das vergangene fossile Zeitalter. Das Jahr 2050

Die Luft flimmert über der Liwa-Oase von Abu Dhabi. Vor uns taucht eine gewaltige Pyramide auf, 150 Meter hoch, so hoch wie die Pyramiden von Gizeh. Es handelt sich um ein Vermächtnis des Verpackungskünstlers Christo, ein monumentales Kunstwerk, das er schon im Jahr 1977 mit seiner Frau Jeanne-Claude skizzierte. Und das er bis zu seinem Tod im Jahr 2020 leider nicht realisieren konnte (eine Kleinversion steht heute im Londoner Hyde Park).

Aber jetzt, am Ende des fossilen Zeitalters, im Jahr 2050, wird das Monument zum Abschied vom Ölzeitalter errichtet. Es ist eine Pyramide aus 400.000 Ölfässern, die nicht mehr gebraucht werden. Die letzten ihrer Art. Ein Denk-Mal für eine andere, bessere Zukunft.

Steigen Sie langsam die breite Eisentreppe empor, die auf den Gipfel des Monuments führt. Schauen Sie in die Ferne, zum Horizont über der Wüste.

Schauen Sie zurück – wie das alles möglich war. Wie nach und nach alle Technologien sich verbesserten und verfeinerten, und uns den Abschied vom Öl (und von der Kohle, vom Gas) möglich machten.

Wie der Ukraine-Krieg paradoxerweise den entscheidenden Durchbruch brachte, weil er uns zwang, unsere Gas-Öl-Kohle-Abhängigkeit radikal zu akzeptieren. Und dadurch zu verändern.

Wie sich plötzlich die ökologischen Techniken in einem *Super-Boom* entwickelten, der so groß und so heftig und so spektakulär lukrativ war wie der Internet-Boom von 1995 bis 2020.

Schauen Sie zurück.

Und *wundern* Sie sich.

Das *Wundern* führt uns in die Zukunft.

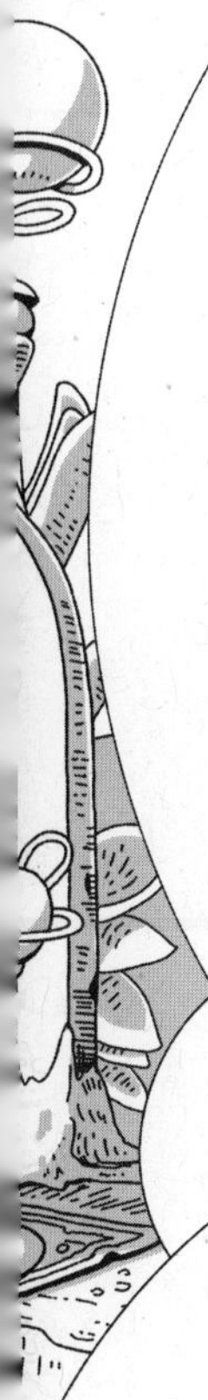

Dietmar Dath, Schriftsteller

„Zukunft ist das, was uns aufgeilt und erschreckt."

10

Üben Sie den Possibilismus!

... die einzig wahre Zukunftshaltung

Possibilismus, der (von possible, engl., oder possibile, ital.)
Eine Haltung zur Zukunft, die vom *Möglichen* ausgeht, statt das Nur-Gute oder Nur-Schlechte von vornherein zu unterstellen. Possibilist:innen übernehmen Verantwortung für ihre Handlungen, ihre Einträge in die Zukunft. Sie überschätzen sich nicht, aber sie machen sich auch nicht kleiner als sie sind. Auf diese Weise üben sie.

Sind Sie ein:e Optimist:in?
Oder ein:e Pessimist:in?
Und woran erkennt man das eigentlich?
Am Grinsen? Oder den ständig herabgezogenen Mundwinkeln?
So einfach ist es wahrscheinlich nicht.
Versuchen wir eine Definition.

Optimist:innen glauben, alles wird gut und schön. Sie haben keine Lust, sich die Laune verderben zu lassen. Deshalb beschäftigen sie sich mit den angenehmen Seiten des Lebens.

Pessimist:innen weisen ständig auf den Abgrund hin, in dem sie sich schon selbst wähnen. Damit vermiesen sie anderen die gute Laune. Es sieht aber sehr realistisch aus.

Natürlich kann man so denken und empfinden. Beide Lager leben jedoch in einem Wolkenkuckucksheim. Weder Optimismus noch Pessimismus lassen sich auf Dauer durchhalten. Es sind letztlich infantile Welthaltungen, Ideologien. Wie der Name schon sagt: Es sind Ismen.

Beide Weltanschauungen lassen ja etwas Entscheidendes aus. Und sie haben Folgewirkungen.

Mit „Optimismus" landet man leicht in einer Infantilisierung. Optimismus als reines *Positive Thinking* tendiert zum Optimierungswahn – und zur Hybris, alles mit Stimmung bewältigen zu können.

Pessimismus ist eine Absicherungsstrategie, die schiefgeht. Man versucht, sich auf alles vorzubereiten, was schiefgehen kann. Weil man glaubt, dass es dann weniger wehtut. Und man die Kontrolle behalten kann. Aber es tut nicht weniger weh. Und man steckt andere und sich selbst ständig mit Unmöglichkeiten an.

Was wäre die Alternative zum Entweder-oder?

Wir verstehen von der Zukunft nur Bahnhof, wenn wir sie entweder durch den Spalt der Angst oder durch die rosa Brille des Wird-schon-Denkens sehen.

Der Meister des Possibilismus

Hans Rosling, der Guru der Welt-Daten, hatte eine Lösung zur stupiden Alternative von Optimismus und Pessimismus. Rosling starb im Jahr 2017, er hinterließ uns eine gewaltige Datenbank namens Gapminder, die die wirklich großen Entwicklungslinien der Welt statistisch darstellt – Hunger, Armut, Gesundheit, Wohlstand, Umwelt und so fort. Mittels dieser Daten wird klar, dass die Welt keineswegs immer schlechter wird. Sie wird auch nicht immerzu und überall besser. Aber sie hat eine Tendenz zur langsamen Verbesserung – durch alle Krisen hindurch.

Hans Rosling, sein Sohn Ola und dessen Frau Anna haben sich der Auseinandersetzung mit den Misskonzeptionen der Zukunft verschrieben. Mit den Fehlinformationen, die wir alle über die großen Trends der Welt haben. Schauen Sie sich Hans Roslings wunderbare Statistik-Filme im Internet an. Oder machen Sie den Gapminder-Test, der von Ola Rosling weiterentwickelt wurde: gapminder.org/ignorance/studies/gms.

Hans Rosling war genervt von der Frage, warum er „so optimistisch" sei. Das wurde ihm von Journalisten, die ihn interviewten, immer vorgeworfen. Ab und zu hatte er einen kleinen Wutanfall, weil er diese Frage naiv fand: „Ich bin kein Optimist, ich bin auch kein Pessimist, beides ist *Mist!* Ich bin Possibilist. Ich denke in Möglichkeiten!“

Auf einer legendären Veranstaltung Mitte der Nullerjahre schluckte Hans Rosling, gekleidet in ein lustiges Ringerkostüm, auf der Bühne eines US-Fundraising-Events ein Schwert. „Wenn das scheinbar Unmögliche möglich ist“, rief er ins Publikum, „dann können wir auch die weltweite Armut besiegen!“

> Possibilist:innen erkennt man daran, dass sie sich noch *wundern* und dass sie *staunen* können. Während Optimist:innen und Pessimist:innen alles schon vorher besser oder schlechter wissen, bewahren Possibilist:innen den Zauber der Welt in ihren Herzen.

Eine andere Formulierung für Possibilismus könnte auch *achtsamer Konstruktivismus* sein. Wir verhalten uns und argumentieren grundlegend mit *gutem Willen*. Statt uns in Häme gegenüber dem Guten oder der Ignoranz gegenüber dem Schlechten zu üben, achten wir auf das, was im Guten schlecht und im Schlechten (wieder) gut werden kann. Wir akzeptieren die Paradoxien der Welt, indem wir das Leben mit allen Widersprüchen bejahen. Wir üben ein *lebendiges* Verhältnis zur Welt. Und die fundamentale Zuneigung gegenüber den Menschen.

DER PESSIMISTISCH-PROGNOSTISCHE DENKSTIL – WIE MAN DIE ZUKUNFT IN DIE PFANNE HAUT

Martin Seligman, der Erfinder der Positiven Psychologie, schreibt in seinem Werk „Homo Prospectus“:

„Eine wachsende Anzahl von Forschungsergebnissen weist darauf hin, dass fehlerhafte Prospektion (Vorausschau) zu Angststörungen beiträgt, zu depressiven, selbstzerstörerischen Strategien und zu narzisstischen Welthaltungen. Wir glauben, dass ein bestimmter Denkstil, der pessimistisch-prognostische Stil, eine entscheidende Rolle spielt. Dabei entsteht ein negativer Erwartungshorizont, der entscheidend auf das Welterleben und Selbstgefühl einwirkt. Wenn die Vorausschau schiefgeht, hat das negative Emotionen, Kognitionen und Verhaltensformen zur Folge, deren zwangsläufiges Ergebnis eine Depression ist.“

Im pessimistisch-prognostischen Denkstil sehen wir Entwicklungen immer nur von den *Phänomenen* her, ohne die systemischen Zusammenhänge zu verstehen. Wir verdichten und überbewerten das, was Angst macht, was nicht funktioniert. Abweichungen von den Erwartungen werden als Katastrophen gewertet. Auf diese Weise entsteht ein mentales Nullsummenspiel. Nichts kann sich jemals verbessern.

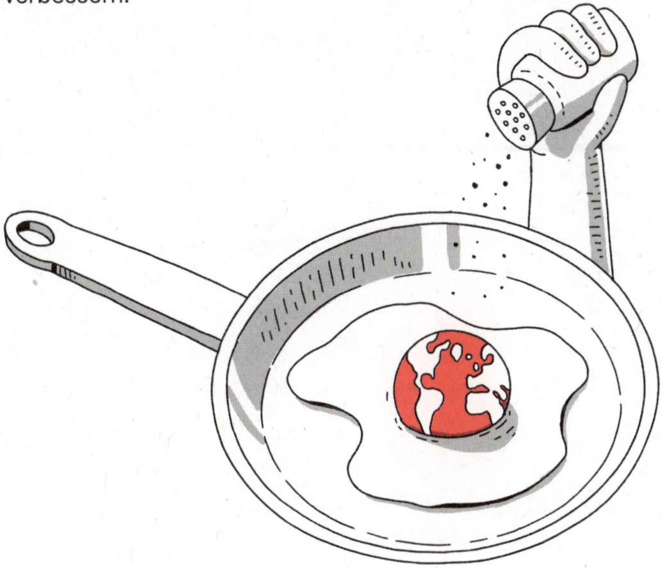

Possibilismus ist eine *kognitive* Fähigkeit. Die Fähigkeit, das *ganze Bild* zu sehen. Die Differenz zwischen den *Erscheinungen*, die aber nie das ganze Bild abgeben. So stehen etwa den Dingen, die *schief*gehen, eine Unzahl von Dingen gegenüber, die *gelingen,* aber dabei unsichtbar bleiben. Das, was in einer hypererregten Welt sichtbar wird, sind oft nur die negativen Sensationen.

Possibilismus ist der *Glaube* an das Potenzial des *Besseren,* auch wenn niemals alles *perfekt* sein kann. Er geht davon aus, dass sich immer neue Strukturen bilden, die die Welt auch nach Krisen wieder stabilisieren. Possibilist:innen haben verstanden, dass die Welt zwar niemals völlig *gut* sein kann. Aber dass es möglich ist, sie zu verbessern.

Und dass darin der ganze Sinn der Zukunft liegt.

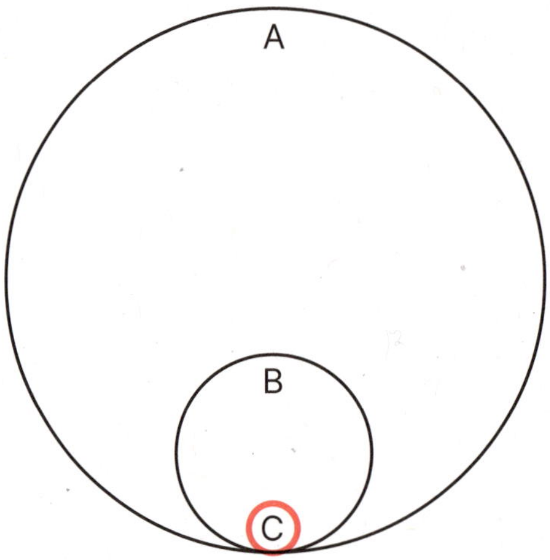

A Dinge, die gut gehen und erstaunlicherweise funktionieren, die wir aber gar nicht wahrnehmen, eben *weil* sie funktionieren.

B Verhältnisse, die man verändern kann, und die auch verändert werden.

C Dinge, die wirklich schlecht und schrecklich sind, und derzeit hoffnungslos erscheinen.

Anders Indset, Wirtschaftsphilosoph

„Die Zukunft ist kein Ding, sondern ein Tun: Sie entsteht dadurch, dass wir sie ‚zukünften'."

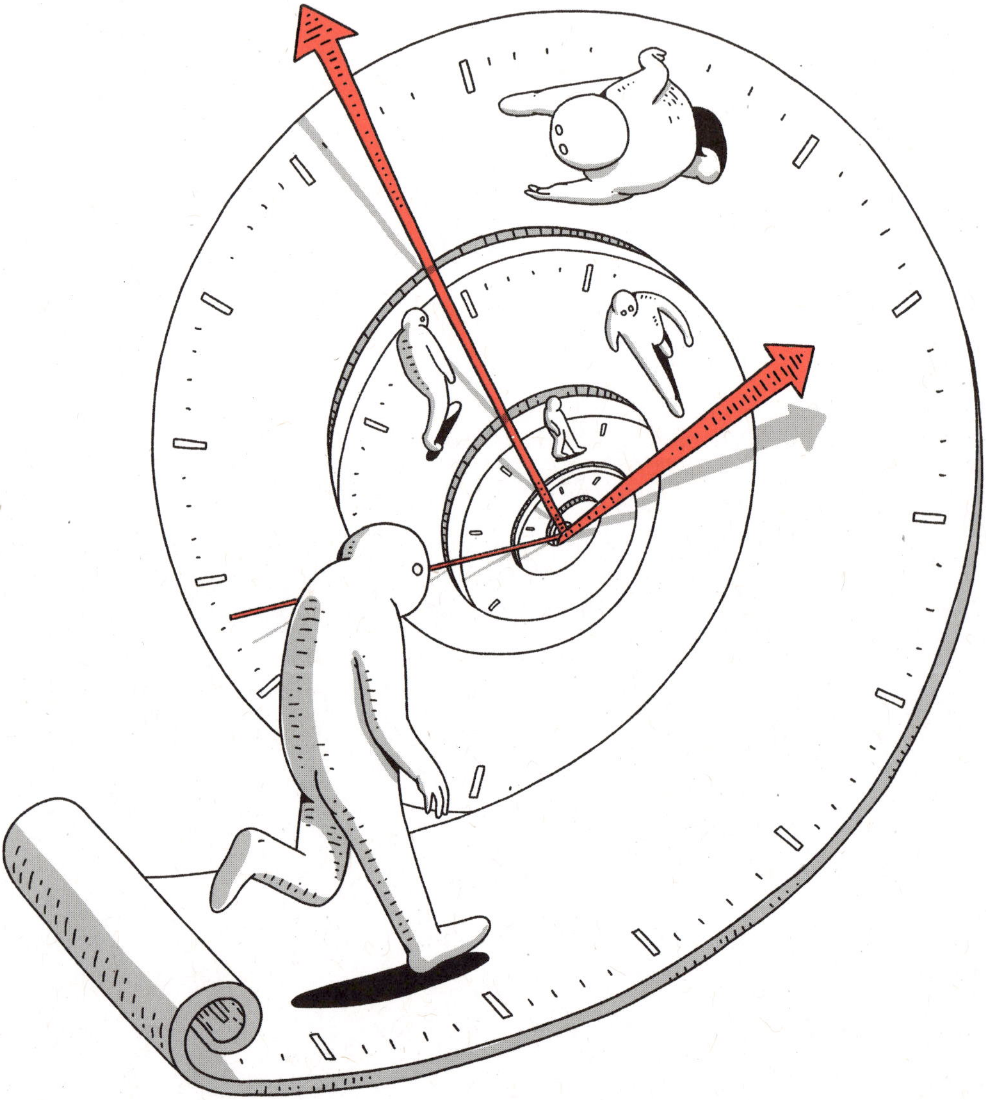

Nachwort

Besuchen Sie die Uhr des langen Jetzt!

Wo kann man eigentlich die Zukunft besichtigen?

Früher war das einfach. Man fuhr ins Raumfahrtzentrum von Cape Canaveral und bestaunte Mondraketen. Oder man ging in ein Technikmuseum. Es gibt auf der Welt einige „Zukunftsmuseen", in denen die Sensationen der Zukunft dargestellt werden. Meistens handelt es sich um Roboter. Computer mit Simulationsdarstellungen. Und wieder: Weltraumraketen.

Man kann sich aber auch anders auf das Abenteuer Zukunft einlassen.

In einem entlegenen Winkel in den Bergen von Texas wird derzeit das wohl spannendste Projekt der heutigen Zukunftsforschung realisiert. In einer künstlichen Höhle am Ende eines 200-Meter-Schachts wird eine hochpräzise mechanische Uhr eingebaut. Sie ist rund 20 Meter hoch und steht in einer Art unterirdischer Kathedrale.

Sie wird 10.000 Jahre lang ticken.
Vielleicht werden es auch 100.000 Jahre.
Jeden Tag ertönt eine Melodie.
Einmal im Jahrzehnt ein schönes Musikstück.
Einmal im Jahrhundert ein komplexes Glockenspiel.
Am Anfang jedes Jahrtausends eine Symphonie.

Das ist alles. Keine Filme werden gezeigt. Keine sensationellen Supertechnologien. Zu hören ist nur das unendlich langsame Ticken der Uhr.

Besucher:innen können die *Uhr des langen Jetzt* durch ein mit Jadesteinen besetztes Tor betreten. Sie können auf einer Wendeltreppe durch die Uhr hindurchgehen. Vorbei an Fünf-Meter-Zahnrädern, riesigen Gegengewichten und Pendeln von vier Tonnen Gewicht. Wenn sie auf einer Plattform im oberen Bereich angelangt sind, können sie den Aufzugsmechanismus der Uhr betätigen. Dann ertönt eine von 3,6 Millionen Geläut-Kompositionen des Musikers Brian Eno. Aber das mechanische Aufziehen ist nicht unbedingt nötig. An der Spitze des gigantischen Mechanismus befindet sich eine Kuppel aus Saphirglas, die die Uhr mit thermischer Energie (gewonnen aus den Temperaturunterschieden von Tag und Nacht) versorgt und sie mit der Sonnenstellung synchronisiert.

Auch wenn niemand mehr käme, um die Uhr zu besuchen, wird sie weiterticken.

In 10.000 Jahren soll sie nur wenige Sekunden falsch gehen.

Aber wer wird dann *dort* sein?

Die *Clock of the Long Now* ist ein Zukunftsexperiment. Ein transtemporäres Kunstwerk. Eine mentale Zeitmaschine, die man nur mit dem eigenen *Mind* in Gang setzen kann.

Konstruiert wurde die Uhr von Danny Hillis, einem ehemaligen Konstrukteur von Supercomputern (zwei kleinere Modelle stehen im Science-Museum in London und in San Francisco). Verantwortlich für das Projekt ist die Long Now Foundation, die Stiftung des langen Jetzt, ein Zusammenschluss von Zukunftsforschenden und „Future Freaks". Zu den Gründer:innen gehören die Internet-Visionärin Esther Dyson, die Zukunftsforscher Stewart Brand, Paul Saffo, Peter Schwartz und Kevin Kelly. Und eben der Musiker Brian Eno, der sich in seinen Werken immer wieder mit den großen Fragen von Raum und Zeit auseinandergesetzt hat.

Ein großer Teil der Finanzierung wurde von Amazon-Gründer Jeff Bezos erbracht. Bezos sagte dazu: „In der Lebenszeit dieser Uhr werden ganze Zivilisationen entstehen und zerfallen."

Stellen Sie sich das Jahr 8734 vor.

Was sehen Sie?

Wie klingt die Melodie?

Wie sehen die Menschen aus, die Sie dann treffen?

Können wir uns mit ihnen verständigen?

„Im Jahr 2018 fand der isländische Autor Andri Snær Magnason die Zukunft in der Küche seiner Großmutter. Da stellte er seiner zehnjährigen Tochter Hulda eine Rechenaufgabe: Wann wird sie 94 Jahre alt sein, so alt, wie ihre Urgroßmutter heute ist, die 1924 geboren wurde? Antwort: Im Jahr 2102! Und wenn nun in jenem Jahr Huldas zehnjährige Urenkelin, die sie dann möglicherweise haben wird, zu Besuch käme, würde Hulda eine Person kennen, die vielleicht das Jahr 2186 erleben wird, so wie sie auch jetzt schon eine Person kennt, nämlich ihre Uroma, in deren Küche sie gerade sitzt, die im Jahr 1924 geboren wurde. Das ist eine Spanne von 262 Jahren, mehr als ein Vierteljahrtausend, das in einer kleinen isländischen Küche mal eben auf eine einzelne Familie zusammenschrumpft."
– Andri Snær Magnason, „Wasser und Zeit"

Das lange Jetzt

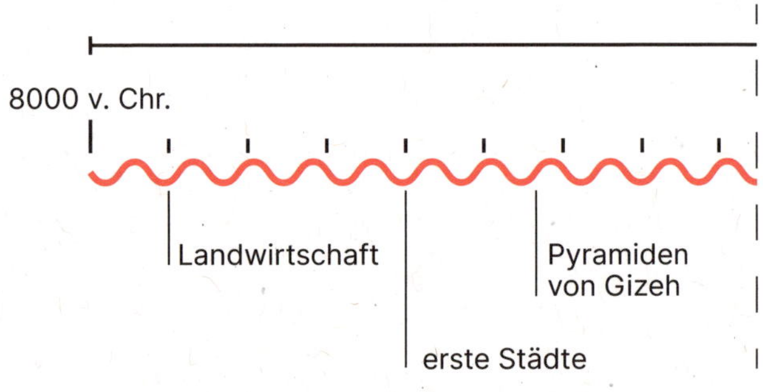

Üben Sie das Ahnendenken!

Im *Ahnendenken* verabschieden wir uns von der egozentrischen Frage „Was bringt uns die Zukunft?“. Wichtig wird stattdessen die Frage „Was können wir der Zukunft geben?“. Wir erkennen, dass *wir* diejenigen sind, die die Zukunft formen – mit unseren Handlungen, Gedanken, Gefühlen, Ideen. Indem wir verstehen, dass wir Teil eines großen dynamischen Ganzen sind, das weit über unsere eigene Lebensspanne hinausreicht, finden wir Geborgenheit im *langen* Jetzt. Wir befreien uns aus der rasenden Gegenwart und kehren zurück in die Tiefe der Zeit. Wir werden Teil einer Evolution, die auch eine *Humanolution* ist. Eine Evolution des menschlichen Geistes in die Überzeitlichkeit.

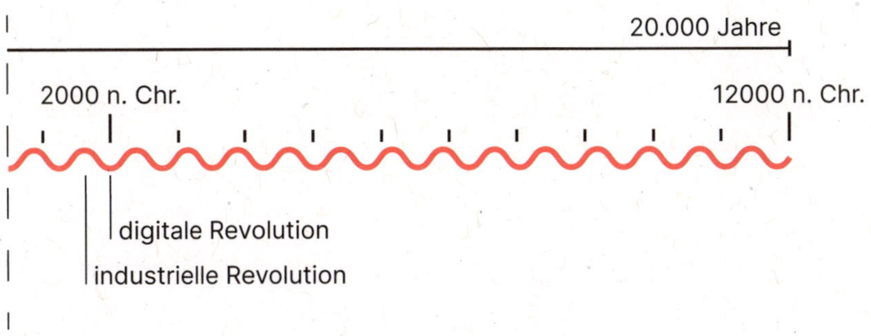

Die konstruktive Bibliothek

Nein, hier finden Sie keine Quellen, keine Fußnoten. Stattdessen eine kleine Liste von Büchern, die zum konstruktiven Zukunftsdenken anregen. Und die Welt aus einer anderen Perspektive sehen. Nämlich von *vorn*.

Rutger Bregman: Im Grunde gut
Rutger Bregman: Utopien für Realisten
Jane Goodall: Das Buch der Hoffnung
Mariana Mazzucato: Mission
Corine Pelluchon: Das Zeitalter des Lebendigen
Jonathon Porritt: The World We Made
Hans Rosling: Wie ich lernte, die Welt zu verstehen
Hans Rosling: Factfulness
Simon Sinek: Das unendliche Spiel
Maren Urner: Raus aus der ewigen Dauerkrise
Ronja von Wurmb-Seibel: Wie wir die Welt sehen

Die Zukunft

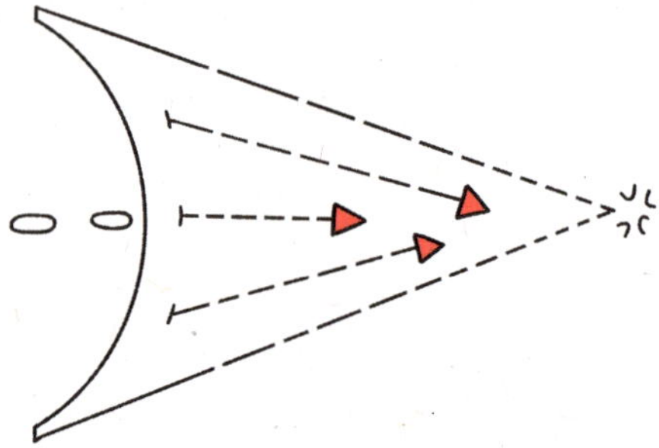

Die *Zukunft* ist eine Fiktion, die in unserem Kopf entsteht. Zukunftsbilder speisen sich aus Narrativen, die aus unseren Ängsten, Hoffnungen und Begierden erwachsen. Aber in Wahrheit erreichen wie die Zukunft nie. Sie verwandelt sich, wenn wir uns ihr nähern. Sie wird zur Fata Morgana, wenn wir sie erreichen. Wir scheitern an den Überraschungen und Enttäuschungen, die eine fest vorgestellte Zukunft mit sich bringt. Selbst wenn wir die Zukunft voraussagen könnten, bleibt unsicher, wie wir sie *wahr*nehmen würden, wenn sie plötzlich „eintritt“. Es ist besser, sie von hinten anzuschleichen.

Das Zukünftige

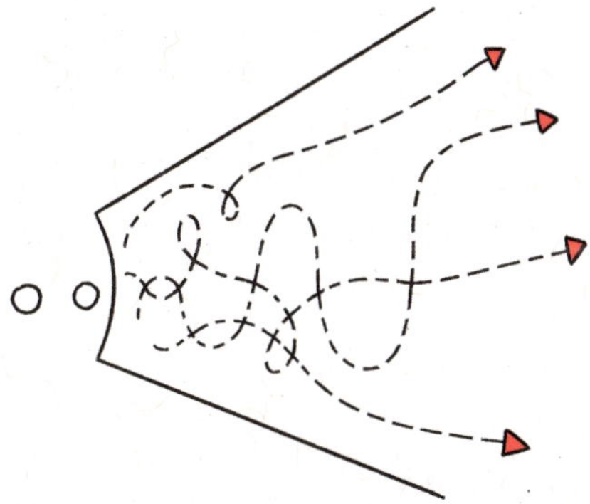

Das *Zukünftige* ist das, was sich aus dem jeweiligen Heute evolutionär weiterentwickeln kann. Im Zukünftigen realisiert sich das Potenzial der Welt jenseits von Untergang oder naiver Utopie. Es ist der Pfad, auf dem wir wandeln und handeln können, ohne die Welt zu destabilisieren. Jaques Derrida nannte es „das aus der Zukunft Ankommende“. Das Zukünftige entsteht durch unser Tun, durch Zufälle und Krisen, auf die wir mit Intelligenz und Lebendigkeit reagieren. Das Zukünftige wächst durch die Zukunft in unserem Inneren, die durch Ahnung und Voraussicht ständig neue Wirklichkeiten schafft.

Matthias Horx:

„Wir sind nicht nur Homo sapiens, sondern auch Homo futuris. Zukunftsmenschen. Zukunft kommt nicht über uns. Sie „tritt ein", wenn wir unseren Möglichkeitsraum betreten. Und uns mit ganzem Herzen für den Wandel entscheiden, der möglich und wahrscheinlich ist. Zukunft ist eine Entscheidung."

Julian Horx

Matthias Horx

Über die Autoren

JULIAN HORX

ist Zeichner mit einem Master in interdisziplinärer Kunst, erworben an der University of the Arts London – Schwerpunkt Psychologie und Anthropologie. Er lebt in Edinburgh und Wien und illustriert für Zeitschriften, Broschüren und EU-Projekte alles, was sich im Universum der „Beings" abzeichnet. Seine „Beings" sind menschenähnliche Wesen in verschiedenen Stadien der Verzückung, des Staunens und der Erkenntnis. Sie treten gern in Gruppen auf, produzieren geniale Technik und schlagen sich mit Weltuntergängen oder Wandelprozessen herum.

MATTHIAS HORX

ist seit 40 Jahren Zukunftsforscher und versucht immer wieder aufs Neue herauszufinden, was das heißt. Prophet? Scharlatan? Wanderer zwischen den Welten? Sein Werk umfasst eine erhebliche Menge Bücher und schräger Überlegungen zu der Frage, wie wir anders mit der Zukunft umgehen können als uns zu fürchten oder übermäßig an den Future Bullshit zu glauben, mit dem wir die Zukunft langweiliger und dümmer machen als sie ist. Er glaubt an den Wandel, zu dem Menschen fähig sind, wenn sie sich von allzu bequemen Illusionen befreien.

THE FUTURE: PROJECT

The Future:Project ist ein Expert:innen-Netzwerk aus erfahrenen Trend- und Zukunftsforschenden, die transdisziplinär arbeiten. Wir stehen für eine transformative Zukunftsforschung, die den Menschen ins Zentrum des Wandels stellt.

Unsere Arbeit vereint Analyse und Kreativität, um neue Ideen und Visionen zu schaffen. Mit Wissen über Trends und Transformationen unterstützen wir Menschen und Organisationen dabei, eine lebenswerte Zukunft zu gestalten.

thefutureproject.de